普法丛书

劳动争议

二毛打工记

韩雪峰 著

中国人民公安大学出版社
·北京·

图书在版编目（CIP）数据

二毛打工记／韩雪峰著．—北京：中国人民公安
大学出版社，2024.1

（普法丛书）

ISBN 978-7-5653-4723-8

I. ①二⋯　II. ①韩⋯　III. ①长篇小说－中国－当代
IV. ① I247.5

中国国家版本馆 CIP 数据核字（2023）第 126445 号

二毛打工记

韩雪峰　著

出版发行：中国人民公安大学出版社
地　　址：北京市西城区木樨地南里
邮政编码：100038
经　　销：新华书店
印　　刷：北京市科星印刷有限责任公司

版　　次：2024年1月第1版
印　　次：2024年1月第1次
印　　张：7.75
开　　本：880毫米×1230毫米　1/32
字　　数：180千字

书　　号：ISBN 978-7-5653-4723-8
定　　价：36.00 元

网　　址：www.ppsup.com.cn　　www.porclub.com.cn
电子邮箱：zbs@cppsup.com　　zbs@cppsu.edu.cn

营销中心电话：010－83903991
读者服务部电话（门市）：010－83903257
警官读者俱乐部电话（网购、邮购）：010－83901775
法律分社电话：010－83905745

自序

用通俗易懂的故事来普及法律知识，用生动有趣的案例来阐释法律内涵，这样一本书，应当是颇受欢迎且有意义的。这是我写作的初衷。

经常有朋友说想学习法律知识，但又因法律书籍晦涩难懂，实在看不进去。我突然萌生了一个想法：创作一套面向大众的普法丛书，让老百姓有兴趣阅读。

我的创作思路是：每一本书都是一个完整的故事，在情节中穿插实用的法律知识。我跑了很多图书馆和书市，通过调研发现，这种以故事形式进行普法的书籍确实鲜见。因为没有可以参照的范本，在创作上就有了一定的挑战性。

自此，写作成为我的一种生活习惯。白天工作不忙的时候，我会在脑海中构思故事情节，思考在故事中应该穿插哪些案例，想到有趣的故事线索赶紧把它记下来。到了晚上，在静谧的夜色下，我往往先给自己沏上一杯清茶，然后打开电脑，敲下白天的构思。有时也会放空自己，让思绪天马行空地飘荡，然后边想边写，反复修改。

有时候，在不经意间突然想到一个不错的句子或者一个很好的情节，我就赶紧把它写进书稿里，那种欣喜是无法用言语表达的。能把自己构思的故事分享给读者，能把自己对法律的理解分析给大家，能在文字中抒发自己的情感，真的是一件快乐的事。

有朋友知道我在写普法故事后，劝我多写写成功的人，说这样故事才好看，别人也愿意看。我笑了，不置可否。尽管我认识不少成功人士，但是我更想写身边的普通人。我觉得他们的故事更有话题感，更加感人，也更接地气。我要让读者觉得，书中的主人公就是身边的同学、同事、邻居、家人，乃至他们自己，书中的故事就是每天发生在身边的事。

书中法律案例有的来自我和同行的工作日常，有的摘自公开的经典案例，只不过用故事的形式把它演绎了出来。为了读起来有趣，书中还穿插了一些典故和寓言。对于一些常见法律问题，为了避免歧义，我尽量采用对应的法条、司法解释来回答。总之，希望读者能从书中找到快乐，获得感悟。

法律是一个社会的底线，但它并不能解决所有问题。能让这个世界变得美好的，还有善良，也就是发自内心的对别人好、愿意为别人付出。就像《乌托邦》中的一句话：能够把人类坚固地团结成一体的不是协议而是善良，不是文字而是精神。书中的主人公都是小人物，但都很能为他人着想，我希望这套书能传递给读者这种善念。

本次同时出版普法丛书之一《二毛打工记》、之二《婚姻诊疗人》，之后陆续还会创作普法丛书之三、之四……这种写作方式也是一种探索，书中难免会有疏漏和争议之处，敬请各位读者不吝指正，并给我后续的创作提出宝贵的意见。

韩雪峰　律师

2023 年 12 月

目录

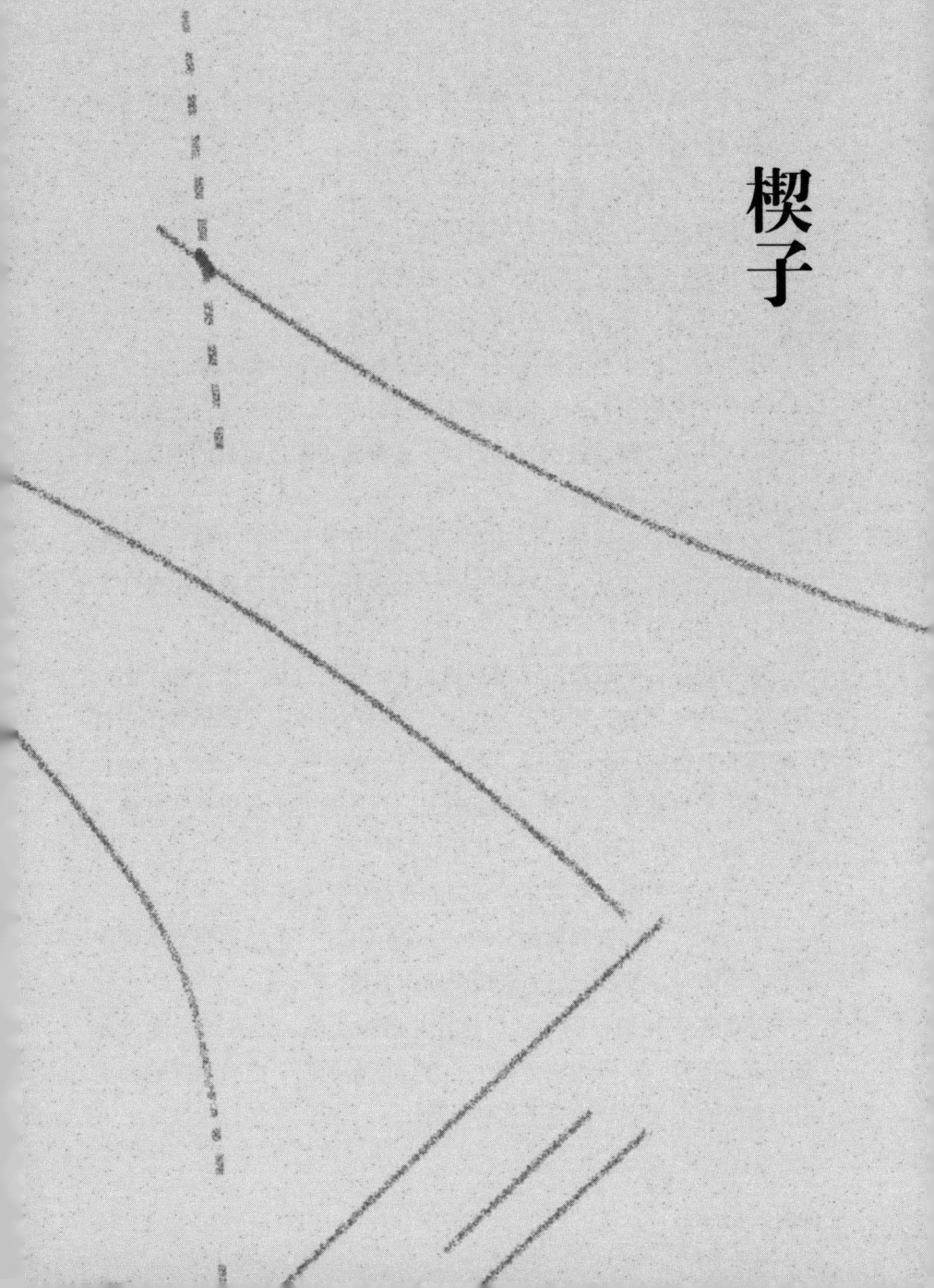

楔子

一个宁静的山村，一个篱笆围成的农家小院，一个小伙子和一条小狗在对视。

小狗歪了歪头，看了看小伙子；

小伙子也歪了歪头，看了看小狗。

小狗想，没事儿闲的吧，这么看着我。

小伙子想，我有的是时间，谁先跑谁是小狗。

小狗看小伙子是因为好奇，小伙子看小狗是因为无聊。

小伙子名字叫二毛，但他并不是排行老二。他爹老白当年带着年幼的二毛卖豆腐，风吹来的时候，看到儿子被风吹起的两缕小毛发，就给他起了这个名字。

二毛对学习没兴趣，读到高一时就不想读书了。于是，他跟老白交流了自己的想法，没想到老白一脸淡然："我早就看出来了，你不是读书的料。"

老白想让二毛跟着自己做豆腐生意，毕竟这是个祖传的手艺，但二毛坚决不同意，他想出去打工，老白对他说："别想着出去打工的事儿，否则打断你的腿。"

老白最喜欢骂二毛的一句话就是：没出息的小兔崽子。这让二毛很不解，我是小兔崽子，您算什么呢？

小芳是个聪明、漂亮还爱学习的女孩子。

小芳和二毛有着同样的经历——高中辍学，但她是非常不情愿的。上高中时，她被父母逼着辍学回家养猪。

父母不重视自己的学业，这让小芳很生气，她甚至一度想离家出走，但看到父母这么劳累，心想，能帮他们一把总是好的。于是，善良的小芳逐渐适应了这种生活。

小芳父母在村里办了一个养猪场，养了几百头大肥猪。小芳的工作就是帮助父母喂猪和清理猪场。

勤奋总有回报，小芳父母通过养猪赚了钱。有钱后，他们的思想也发生了变化，后悔让小芳辍学了，于是给猪场雇了一个帮工，减轻了小芳的负担，还鼓励小芳多学习。

父母的转变让小芳很欣喜，经过思考，小芳决定通过自学考试来提升自己的学历，她选修了法律专业。

小芳想："多学点儿法律知识，才不会被坏人欺负。"

二毛和小芳年龄相当，也算得上是青梅竹马。同样的辍学经历让二毛感觉自己和小芳的命运有了交集，有意无意，二毛经常去找小芳聊天，并向小芳倾诉自己的烦恼。小芳是一个"称职"的倾听者，总是默默地安慰着二毛。日久生情，俩人渐渐走到了一起。

一天，二毛对小芳说："妹妹，我想出去打工，想看看外面的世界。"

"二毛哥，我支持你的想法。男人嘛，就要出去闯一闯，行万里路读万卷书嘛。"

"我爹不愿意让我出去。他还老跟我说，让我听他的，因为他过的桥比我走的路都多。"

小芳笑着说："咱们村里就一座小桥，我还记得你说过，你爹好像还没出过村子呢。"

二毛叹了一口气，对小芳说："我爹就是这样，没文化还自负。"

小芳安慰二毛："船到桥头自然直，总会有办法的。"

"我爹说，外面的坏老板太多了，出去会挨欺负的。"

"别怕，听说劳动法能保护我们劳动者，学了它，就不会吃大亏了！"

"妹妹，我太佩服你了，你说你每天喂猪，我每天种地，可咱们的差距怎么就这么大呢！"

二

村里的张三是个能折腾事儿的人，承包土地、开公司、办养殖场，他还竞选过村主任，不过落选了。

春耕时，张三来找二毛。

二毛正难过呢，因为他又跟老白说出去打工的事儿了，被老白一顿臭骂。

二毛心里憋屈，绷着脸蹲在院子里拿着一把苞谷粒给小鸡喂食。

张三走进院子，和二毛打了招呼。

"三哥，您来了，狗怎么没叫呢？"二毛很惊讶。

"看你这话说的，三哥来了，狗就必须叫吗？"张三显得有些不高兴。

"我家的狗不是跟您熟嘛！"

"我知道，所以我把刚吃了一半的肉包子给了它。"

二毛扭头一看，小狗正在摇头晃脑地吃着肉包子。心中有了感悟，想达到目的必须付出代价。

张三对二毛说："刚听你爹说，你要出去打工对吗？"

"对，我想出去打工，可我爹不让。"二毛还是一脸委屈。

"兄弟啊，你爹怕你吃亏，是因为他不知道你的实力。"

"我怎么才能证明我的实力呢？"二毛望着张三，显得很急切。

张三眉飞色舞地拍着二毛肩膀说："兄弟啊，三哥就是为这事儿来的。"

"三哥，你得好好跟我说说。"二毛感觉精神一振。

张三说："看你心事重重的，我知道你不是在喂鸡，是在排解你的寂寞。你肯定行的，大鹏一日同风起，随风直上十万里。"

"不是九万里吗？三哥。"

"十万里，说明你的能力更强啊！"

一番话，说得二毛热血沸腾。

"三哥，那我能做什么呢？"

"我成立了一个合作社，承包了不少土地，准备播种玉米。咱哥俩一起合作，我出资金、出土地，你负责播种、收割、除草、洒农药、撒化肥，另外，三哥还有其他重要的事情交给你，这样可以把你锻炼成一个经营方面的全才。"

"负责的事情还真不少啊！"二毛感慨道。

"是不少，做事业就是这样，只有全身心投入才有回报嘛！"

二毛想了一会儿，犹犹豫豫地对张三说："三哥，咱们还是不要合作了吧。"

张三不解，问二毛："为什么呢？"

二毛说："小芳告诉我，有些私人老板不靠谱，得不到保障不说，还容易被骗。"

"人总是会被表面的现象所欺骗。"张三叹了口气。

"三哥，这怎么说呢？"

"一竿子打倒一群人是不对的，里面总会有好人。"

"我明白了，三哥是坏人中的好人。"

"你这么理解还是不对，三哥是绝对的好人。"

"那也是坏人堆里挑出来的，对吧？"

"不跟你争论这个问题了。我呢，准备让你跟我一起干事业。你想，我在村里的名头够响亮吧，你和我合作的事儿一旦传出去，别人都会觉得你很厉害。"

张三见二毛有些动心，就给二毛讲了一个故事：

草原上有一对斑马兄弟，老大保罗，老二乔治。它们快乐地生活在草原上。干旱季节来了，草越来越少了，斑马越来越难觅食。

于是，老大保罗自谋出路，它投奔了狮王扎克，它给扎克提供动物线索，让扎克捕食方便，扎克帮保罗占领了一块草地，让保罗单独使用。乔治呢，还是四处奔波找草吃。后来，保罗回到斑马群时，斑马们都尊敬地称呼它为老板。

二毛听完了故事后，感慨地说："三哥，我知道你的用意了，和强者合作才是最好的出路。"

张三微笑着说："兄弟，你是个聪明人，跟着我干不会有错。三哥有自己的规划，下一步我还要搞旅游，让城里人来咱们村消费。这样就能带领全村人致富了。"

"您的梦想太大了，三哥。"

"当然，一个人的梦想不重要，一群人的梦想才重要。"

"三哥，我太崇拜您了！"

"那你还等啥呀！"

"我觉得您说的有道理，那我听您的吧。"

张三笑了，对二毛说："这就对了，跟三哥合作不会吃亏。"

张三蹲在地上，从随身携带的公文包里拿出一份合作协议，把它放在院子里的小饭桌上。

二毛很困惑，对张三说："三哥啊，咱们合作还用签协议吗？"

"亲兄弟明算账，有个书面约定更好。"张三边说，边从包里拿出一支钢笔。

二毛看了一眼协议，好几页纸，里面的条款自己根本看不懂，二毛心想，都是同村的乡亲，老乡不会坑害老乡的。于是，二毛用张三的钢笔签下了人生中第一份书面协议。

二毛签完字，张三又从公文包里拿出一盒印泥，对二毛说："兄弟，来捺个手印吧！"二毛有点儿慌，就对张三说："三哥，我看过一个电视剧：黄世仁逼着杨白劳捺手印，还把杨白劳逼得喝卤水自杀了，我有点儿害怕呀！"

张三拍了拍二毛的肩膀说：“放心吧，别忘了我是你世界上最好的三哥。”

看到二毛还在迟疑，急性子的张三拿起二毛的右手食指蘸上印泥，在协议上捺了下去，然后贴心地拿出一张纸，给二毛擦了擦手。

张三转身走了，留下一脸蒙的二毛独自在院子里。

三

跟张三合作后，二毛变得忙碌起来，连找小芳的次数都少了，小芳打电话问他最近在干什么，他神秘地对小芳说：“我在干事业呢！”

小芳让二毛来找她。

二毛来到了小芳父母的养猪场，看见小芳正在拖着一袋子猪饲料从仓库出来，他赶紧上前，扛起了猪饲料。

小芳问二毛：“你在跟张三干事业对吗？”

“当然了，我还跟三哥签了协议呢！”二毛拿出跟张三的合作协议，很得意地递给了小芳。

小芳仔细地看了协议，抬眼对二毛说：“我告诉你，签这个合作协议是不对的。你看，你负责这么多的工作，除了种地、除草、洒农药外，还要每天去地里巡查。”

“三哥说，为了防止牛马和麻雀祸害庄稼，就得天天去地里转悠转悠。再说，我每周还可以休息一天呢。”

“协议中约定乙方必须接受甲方的日常管理，那应该签的是劳动合同才对呀！”小芳指着协议中的内容说道。

“一个名称而已，没啥区别。三哥说了，我们是一起干事业，我不能目光短浅，只看眼前利益。”二毛摆了摆手。

"他忽悠你呢，你怎么就信了。"小芳显得很生气。

"那你给我讲讲，他怎么忽悠我的。"

小芳说："合作协议呢，它代表你和他公司之间在法律上是平等的经济关系，玉米的收成不好就可以少分你钱甚至不分你钱；如果是劳动合同，你赚的是工资，他是要按照你的劳动来支付工资的。"

二毛说："我们是合作的关系，还是有好处的。收成好的话，分的钱会更多嘛！"

小芳说："他赚多少钱，多少成本，会跟你说吗？"

二毛想了想，觉得小芳说得是那么回事儿。

小芳说："还有呢，签了这个合作协议，你生病了受伤了他可以不管，但要签劳动合同呢，他就要负责了。"

二毛拍了下自己的脑袋，恍然大悟地说："我前几天干活时，不知道从哪里蹿出一条恶狗，把我咬了一口，疼得我直掉眼泪。三哥当时就在我身边，他还让我忍一忍呢。"

小芳说："张三真这么说的？"

二毛说："是啊，我说好疼，他说先把活干完，再去村卫生所打个针就好了。"

小芳生气地说："张三真是黑心呀，以后别跟他干活了。"

二毛说："听你的，我不跟他干了。"

小芳又问："还有，被狗咬伤这事儿，你怎么不跟我说呢？"

二毛说："已经没事儿了，再说，我也是怕你担心嘛！"

小芳说："不行，我明天要带你去县里的医院看看，万一有问题可不是闹着玩的。"

二毛说："行，先不说这个，刚才你为啥说三哥黑心呢？"

小芳说："这协议名义上是合作，但里面只写了你怎么提供劳务、怎么接受他的管理。所以呢，它本质上应该是一份劳务合同。"

二毛说："劳务合同就劳务合同呗。"

小芳说："这就是我说他黑心之处，虽然是劳务合同，但没体现劳务费的结算方式和结算标准啊。"

"妹妹，是不是可以这么理解，他在合作协议中写清楚了我干什么活，但是没写清楚怎么给我钱，按照什么标准给我钱，对吗？"

"对啊，就是这个意思。"

"唉，看来我中计了。你给我解释解释，劳务合同和劳动合同的区别吧。"

"区别大了，我跟你说说吧！"

·劳动合同和劳务合同的区别·

1.合同主体不同。劳动合同的主体是用人单位和劳动者；劳务合同的主体不确定，可以是企业和企业，也可以是企业和自然人，还可以是自然人和自然人。

2.权利地位不同。劳动合同中双方的法律地位不平等，存在管理和被管理的关系，劳动者受用人单位的规章制度约束；劳务合同中双方法律地位平等，双方只存在经济关系。

3.报酬性质不同。劳动合同中用人单位向劳动者支付的报酬具有一定的强制性，如工资不能低于当地最低工资标准，还必须为劳动者提供社会保险；劳务合同中双方的报酬性质为劳务费，支付方式及时间由双方约定。

4.适用法律不同。劳动关系适用劳动法以及其他行政法律法规调整；劳务关系适用民法调整。

5.法律责任后果不同。劳动合同中，劳动者在工作过程中出现伤亡事故，按照工伤责任处理，用人单位要承担无过错赔偿责任；劳务合同中，被雇佣者出现了伤亡事故，双方按照侵权责任相关民法规定，按照过错比例承担责任。

"也就是说，你这种情况，既接受张三的管理，也听从他的日常安排，你们应该签订的是劳动合同，他应该给你上社会保险。但是他跟你签劳务合同，就是在逃避责任。"怕二毛不明白，小芳补充了一句。

　　"原来是这样啊！"二毛拍了拍自己的脑门。

　　"你和张三签的这个协议，如果他卖了玉米不给你钱，你只能去法院告他。但是签了劳动合同就不一样，他必须支付给你工资。"

　　"怎么会没办法呢，我娘说了，不给钱就去三哥家门口骂他，这样他就不敢不给了。"

　　"你娘骂街的本领全村人都知道，但这并不是好的解决办法。"

　　二毛叹了口气说："本来以为都是乡亲，他不会坑我呢。"

　　"他就是想少承担责任，才跟你签合作协议的。这样即使少给你钱，你都没办法；签了劳动合同就不一样了，他拖欠你工资，你可以去申请劳动仲裁，情节严重的话，他还要坐牢呢！"小芳解释道。

　　二毛惊讶地说："以前在电视上总是看包工头跑路。还能让他们坐牢，我还是第一次听说。"

　　"刑法里规定了拒不支付劳动报酬罪，就是让那些无良老板不要心存侥幸，恶意欠薪的话就得坐牢。"

　　二毛拉着小芳的手，羡慕地说："妹妹，你真的比我厉害。"

　　小芳语重心长地说："二毛哥，你没事儿应该多看看书，总比你刷那些短视频强多了。"

　　二毛羞愧地说："我确实喜欢刷短视频，我还喜欢听人家叫我老铁呢。"

四

富贵是一名创业者，性格开朗乐观，创业经验丰富。在大城市赚了第一桶金后，富贵就开始回乡创业。他办了一家砖厂，砖厂名字就叫"富贵砖厂"。

富贵砖厂创办没多久，就开始盈利了。

既然盈利了，就要扩大产能，就要招人。招人多了，问题也跟着来了。

富贵砖厂招了一名女员工小曹。

厂里安排签劳动合同，和小曹一起入厂的员工都按照厂里要求把合同签了，但小曹却不想签，她对富贵说："我就是一个农民，也不识字，咱们就别签了。"

富贵是个不拘小节的人，心想不签就不签吧。但小曹入职不到三个月，就和车间主任老刘因加班发生了口角，这还不算，她还申请了劳动仲裁，理由是厂里未跟她签订书面劳动合同。

富贵心想，申请劳动仲裁怕什么，毕竟是她自己不签的。

但是，劳动仲裁庭却支持了小曹的主张，裁决富贵砖厂赔偿小曹未签订书面劳动合同期间的双倍工资差额。

·未订立书面劳动合同双倍罚则·

《劳动合同法》第 82 条第 1 款规定，用人单位自用工之日起超过 1 个月不满 1 年未与劳动者订立书面劳动合同的，应当向劳动者每月支付 2 倍的工资。

富贵觉得挺委屈，于是跑到一个小饭馆里喝了两瓶啤酒。喝完酒后，他想哭，却又哭不出来。

富贵砖厂新来了一名员工，叫小徐，说起来还是富贵的远房亲戚。

小徐个性懒散，迟到早退，还不服从管理。每次富贵说他，他不听，还辩解说："都是亲戚，你老管我干嘛，活干好了就行了。"

富贵觉得小徐太过分了，于是就把他辞退了。

小徐对富贵说："你不仁，别怪我不义。"

于是，小徐申请了劳动仲裁。

劳动仲裁庭认为，富贵砖厂以员工迟到早退、不服从管理为由将小徐辞退，但没有一套依法制定的规章制度作为依据，属于违法解除劳动合同。最终，劳动仲裁庭裁决富贵砖厂向小徐支付违法解除劳动合同赔偿金。

富贵很生气，心想，规章制度我们一直贴在墙上，却说我们制定程序不合法，这太让人生气了。于是富贵又去小饭馆喝了两瓶啤酒，但还是没有哭出来。

为了寻找答案，富贵去县城咨询了律师。

律师听完富贵的介绍，对富贵说：关于和小曹的劳动纠纷，企业和劳动者是否签订劳动合同，举证责任在企业；和小徐的劳动纠纷，依据没有经过合法制定的规章制度将劳动者辞退，也是违法的。所以说，这两个劳动仲裁的案子输得不冤。

痛定思痛的富贵终于明白了，专业的人做专业的事儿，还是成立个人力资源部吧。

成立人力资源部，首先要有人力资源部经理。经人介绍，有多年人力资源工作经验的老李来参加面试。

老李敲门进来，富贵热情地招呼他坐下。

老李刚进门，就指着墙上的一幅字说："真是好字啊！"

富贵自豪地对老李说："这是我写的。"

老李说："您的字称得上是俊雅洒脱、气势雄浑。真的有企业家的气势啊。"

看到老李这么会说话，富贵很开心。

富贵说："还是介绍下你自己吧。"

老李说自己做了多年的乡镇企业人力资源工作，人力资源的"六大模块"都有接触，并且本人在十里八村有着丰富的人脉。尤其擅长对员工进行"背景调查"，只要打几个电话，他就能搞清楚员工家里有几个兄弟姐妹，村里人对他评价怎么样，种庄稼时偷不偷懒，有没有偷鸡偷鸭的恶习。

富贵说："真的不错，知己知彼，才能百战不殆。"

"老板，我还有一个特长，那就是善于和员工谈心，通过不断地沟通，能让员工打开心结，认真工作。"

富贵拍了下桌子，说道："太好了，能做好员工的心理工作，这确实是大事儿，所谓得人心者得天下嘛！"

"但我也有缺点，我的魄力稍显不足呀！"

"君子贵在坦诚，我喜欢你的坦诚劲儿。我决定了，你以后就是富贵砖厂的人力资源部经理，来负责全面的人力资源工作。"

老李有点儿不相信自己的耳朵，问富贵："老板您这么快就决定了吗？"

富贵坚定地说："你我一见如故，就这么愉快地决定了。"

"感谢老板器重，以后我加班，坚决不要加班费。"

富贵拍着老李的肩膀说："太好了，你真是我打着灯笼也难找到的好员工。"

"老板，我想知道，怎样才是您满意的工作状态呢？"

"很简单，把有能力的人招到，把不合适的人辞掉，用规章制度把招来的人管好。"

老李苦笑着说："说起来简单，做起来可不简单。"

"有挑战才有动力，我相信你能行。"富贵鼓励老李说道。

"谢谢老板的信任，关于招聘人员，我还是很有心得的，我觉得不一定非要招多有能力的'牛人'，但是一定要招到合适的人。"

"这点我赞成。《长短经》里有句话：浴不必江海，要之去垢；马不必骐骥，要之善走；士不必贤也，要之知道；女不必贵种，要之贞好。"

"老板，我没听懂啊。"

"适合就好。"

老李想了想说："老板，既然您信任我，我也不拿自己当外人了。我进厂的时候，看到墙上贴的规章制度。发现了一个问题，规章制度都是惩罚的条款，但是没有奖励的条款，这很不合理。"

富贵点点头说："我最近在学习管理学知识，你说的奖励和惩罚就是管理学中的'胡萝卜加大棒'嘛！"

"是啊，胡萝卜能让员工走得快，大棒能让员工走得稳。"老李总结道。

"你总结得非常到位，这次招你进厂就是要做好这些工作。"富贵表扬了老李。

老李又说："还有更重要的，奖惩手段一定要合法。"

"没错，我们设立人力资源部，就是要做好用工合法的工作。"

老李说："这个太重要了，现在的员工维权意识越来越强，动不动就喜欢去申请劳动仲裁。"

"说到劳动仲裁，真的让我伤心呀。对了，你的劳动法知识怎么样？"

老李表现出一副惭愧的表情，对富贵说："老板，在您面前不说假话，我的劳动法不够专业啊。"

"没关系，诚实是美德，我最恨不懂装懂的人。那我就交给你第一个任务，物色一个专业的法律人才，咱们富贵砖厂再成立个法务部。"

"老板高瞻远瞩，佩服。我这就去物色人选。"

老李正要往外走，富贵叫住了他，说道："老李啊，我买了几本劳动法方面的书，你好好看看，用法律的知识把自己武装起来。"

"老板放心，我一定武装到牙齿。"

五

二毛来找小芳了，他对小芳说："妹妹，我打定主意了，一定要出去打工。"

"想好了就去做嘛！"

二毛摊开了手，对小芳说："我怕自己出去赚不到钱，回来被乡亲们笑话啊！"

"不要担心，走出村子，看看外面的世界。这样不但长了见识，还长了本事。你怎么知道自己不是一只雄鹰呢？"

二毛听后露出了开心的表情。

小芳接着又说："哥哥，你先走出第一步，再帮我看看，有没有适合我的工作。"

"真的吗？那你爹娘能同意吗？"

"我爹娘现在也后悔当初让我辍学了，我向他们提出要出去打工的想法，他们也没反对，说让我自己决定。"

"那太好了，我还担心出去打工就看不到你了。"

"我要跟你一起做快乐的劳动者。"

二毛做了一个要飞的动作，对小芳说："妹妹，哥哥要飞给你看了。"

小芳鼓励二毛说:"加油,我相信你。"

六

二毛去小卖部买酱油,在路上被张三拦住了。

张三西装革履,左腋下夹了个公文包,右手捃着一根烟。

张三吸了一口烟,烟雾缭绕间,他指着二毛说:"兄弟,咱们签了协议,你却毁约了,念在咱们是好兄弟的份上,我就不追究你的法律责任了。不过,我还是期待你回头跟我干!"

"三哥,小芳说了,我们名义上是事业合作,但实际上是劳动雇佣。雇佣期间,您不给我上社保不说,狗咬了我,您也不管我。所以呢,即使打官司,您也不占理呀!"

二毛一番话,说的张三脸红了。

晚饭时,二毛炒了几个菜,还给老白烫了一壶酒。

"小兔崽子,难道太阳从西边出来了?"老白很纳闷。

二毛不再隐瞒,站在门口和老白说了自己想出去打工的想法。

二毛站在门口有两个原因,一是表明自己出去打工的决心;二是在老白翻脸的时候能快速逃出房间。

老白说:"儿子,这事儿太突然了,我和你娘商量下。"

老白走到里屋和老伴商量了一会儿,俩人一起出来了。

老白先打出一张"亲情牌":"儿子啊,父母在,不远行,这是古训,你走了,我和你娘怎么办?"

二毛说:"亲爹,好男儿志在四方,我应该出去闯荡一下,再说,您和我娘年龄也不大,昨天我看你掰手腕还把村里的铁牛给赢了呢!"

老白接着打出了"恐吓牌":"电视上总报道老板拖欠农民工

工资，你出去被骗了怎么办？"

"老板拖欠农民工的工资，自有劳动法惩治他们。情节严重的话，他们会坐牢的。拒不支付劳动报酬罪，您没听说过吧？"

老白一脸茫然，说："没有，谁告诉你的？"

二毛自豪地说："小芳说的！"

· 什么是拒不支付劳动报酬罪以及对该罪的处罚 ·

以转移财产、逃匿等方法逃避支付劳动者的劳动报酬或者有能力支付而不支付劳动者的劳动报酬，数额较大，经政府有关部门责令支付仍不支付的，处 3 年以下有期徒刑或者拘役，并处或者单处罚金；造成严重后果的，处 3 年以上 7 年以下有期徒刑，并处罚金。

老白说："多亏你提醒，我雇铁牛收玉米还欠他几千块钱呢，明天得赶紧给他。"

二毛娘看二毛对老伴的奉劝无动于衷，只有自己出手了，于是打出了"温情牌"："二毛啊，你也老大不小了，我和你爹攒了好几万块钱，正寻思把房子重新盖一下，让你把小芳娶回来，生个大胖小子，长大了跟你一起种地，难道不好吗？"

二毛说："不好，村里的年轻人都出去打工了，回来给我讲了那么多新鲜事儿，我也要出去看看。"

老白看说啥也不管用了，于是露出了本来面目，叫嚷道："你个兔崽子，要是敢出去打工，我把你的腿打折了。"

"爹，腿打折了你还得给我治，花钱不说，你还构成了'虐待罪'，这样神仙也救不了你。"

温情、恐吓都动摇不了二毛一颗走出山村的心。

第二天一大早，二毛偷偷地离开了村子，给父母留下个字条：

爹娘千万别动气，

儿子心中有天地。

赚钱回家孝二老，

还剩下一句，二毛没想好，就匆匆地走了。

二毛娘首先发现了字条，把它递给了老白说："老伴你看，儿子走了，还留下这个半拉子打油诗。"

老白看完二毛的打油诗，说了一声："狗屁！"

二毛娘说："嗯，这就押韵了。"

七

你的心在哪，你的世界就在哪。

富贵正在办公室出神地看着墙上的世界地图。

老李敲门进来，后面跟了一个年轻人。

老李告诉富贵，这是来面试法务部经理的，问富贵是否有时间。

"面试人才，当然有时间了，我可是求贤若渴呀！"富贵笑着说。

富贵上下打量了一番小明，戴着眼镜，很清秀的样子。

富贵让老李和小明坐下。

小明向富贵介绍了自己的情况：

小明，法律专业毕业，并通过了法律职业资格考试。在大城市工作几年后，考虑到父母身体不好，辞去了一家大企业的法务经理，回到家乡谋发展。

富贵听完小明的介绍，心想，这不就是我想要的法律人才嘛！

富贵说："厂里成立法务部，就是希望经营得更合规，把法律风险控制好，请问你有什么好的建议吗？"

小明说："企业合规本就包含了法律风险控制。我总结了一下，企业经营要至少做到'三个合法'才可以。"

富贵问："哪三个合法呢？"

小明说："那就是企业经营要合法，纳税要合法，制度要合法。"

富贵点了点头说："总结得很到位，经营不合法就像'盲人骑瞎马'，肯定走不远；纳税不合法就像'井上婴儿卧辘轳'，非常可怕；制度不合法就像'踩着刀尖舞蹈'，更是危险重重。"

老李说："老板说的画面感太强了，我简直是身临其境。"

小明说："老板形容得非常贴切，看来您对管理深有体会啊！"

富贵得意地笑了，指着书架上的书对小明说："当然了，书架上的《孙子兵法》，都快被我给翻烂了；管理大师彼得·德鲁克的书，我也经常看。"

老李说："可不嘛，我晚上加班时，经常看见老板在读书。"

富贵说："小明，你对用工管理有何高见呢？"

小明说："您问得非常专业，用工管理一定要重视。从劳动合同的签订，到员工的劳动过程管理，再到劳动合同的解除，都要合法并合理。并且，针对新问题要及时制定新策略。"

富贵拍了下大腿说："说到我心坎里了，这些都是我头疼的大问题。"

老李说："小明，厂里这次招聘法务部经理，有一个很重要的要求，就是要精通劳动法才行啊！"

小明说："那我就毛遂自荐一下。我做法务经理的时候，最擅长的就是解决劳动纠纷，所以呢，劳动法对我来说肯定是没问题的。但老板要多授权才行，这样才好开展工作。"

富贵问小明："你觉得我们富贵砖厂的名字怎么样？"

小明说："富贵，不但意味着砖厂会越来越兴旺发达，还预示着全厂人员要共同奔向富裕之路，仅仅富裕还不够，还要让全厂人员有尊严、有贵气。"

小明一番话，富贵听的心花怒放。

小明喝了一口水，接着诚恳地说："能看得出，老板是一个能干大事儿的人，我看到老板在看世界地图，就觉得老板是胸怀世界的人，跟着这样的老板，前途一定错不了。"

富贵感动地哭了，握住小明的手说："明天就来上班吧，工资按你说的标准来。"

老李却陷入了沉思。

第一章　求职招聘

一

未来是未知的，所以让人充满憧憬。

二毛从村子出来后，坐车到了县城。

兴奋的二毛先找了一个小面馆吃了碗面，就开始了自己的求职之旅。他到报摊买了一份招工报，开始在上面浏览招聘信息，突然一则招聘广告吸引了自己：

本公司招聘挖掘机司机，要求年龄在40周岁以下，吃苦耐劳，干活不计较，男性，条件符合者请来公司面试。

二毛经常在电视上看到挖掘机培训广告，心里对这份职业充满向往，于是按照广告地址，坐车前往这家公司面试。

令二毛没想到的是，参加面试的人很多，于是二毛跟着求职队伍排队。

轮到二毛面试时，面试官问二毛："请拿出挖掘机操作证，介绍一下自己的挖掘机操作经历。"

二毛回答："我没有挖掘机操作证。"

面试官说："那您还是学好挖掘机操作技术再来吧！"

二毛只能讪讪地退了出去。

二毛给小芳打电话，说了自己的遭遇。

小芳说："这就是你的问题了。没有挖掘机操作证就去应聘挖掘机司机，胆子够大，就像一个不会武功的人应聘保镖一样。"

二毛说："嗯，我确实有些鲁莽，只是觉得自己喜欢，没考虑到自己的技能要和岗位相匹配。"

二毛找了个小旅馆，睡了一晚，第二天接着找工作，招工报上另一则招聘广告吸引了二毛：

本公司招聘挖掘机司机，要求男性，身体健康，18-40周岁。学历不限，经验不限。有没有挖掘机操作证不限，只要来报名一定安排工作。公司负责培训并安排考挖掘机操作证。本广告3日内有效。

二毛心想，是不是挖掘机跟自己有缘啊。

他看了看地址，这家公司还挺远，在另外一个县城。二毛心想，距离不是问题。效率就是金钱，他赶紧坐车去参加面试。

二毛坐了一晚上的火车，又倒了汽车，还坐了一辆黑摩的，才到了这家公司。风尘仆仆的二毛看了看时间，并没有超过广告中说的3天期限。

可命运又一次跟二毛开了玩笑。

招聘的人告诉二毛，人员已经招满了。二毛很生气，大声说道："你们在广告中说3天之内来了一概录用，结果你们不讲信用。不要欺负我是农民工，我这就去劳动仲裁庭告你们。"

招聘的人赶紧劝二毛消消气，让二毛等一会儿，让领导来处理。

二毛等了半小时的时间，招聘的人回来告诉二毛公司可以对他作出300元的赔偿。

二毛算了一下，来回车费加食宿费也就100元，自己还能有200元的盈余，于是就同意了。

二毛又给小芳打电话："妹妹啊，多亏我跟你学了一点儿劳动法知识，我一吓唬，他们就赶紧给我赔钱了。"

小芳说："这家公司在招聘广告上把录用条件和录用时间写得非常明确，确实要承担法律责任，作出赔偿也是应该的。"

"原来是这样，我还以为他们是因为自己不讲信用才做了赔偿呢！"

"他们没有按照招聘广告的承诺录用你，肯定要对你的信赖利益作出赔偿呀。"

"就是说，在招聘广告中虚假宣传，就要承担法律责任，对吧？"

小芳叹了口气说："你还真是不懂，我给你普普法吧。"

·招聘广告的法律效力·

招聘广告在法律上属于要约邀请，本身不产生法律效力。但用人单位的招聘广告内容如果明确具体，让求职者对广告内容产生合理信赖，就相当于法律上的要约。因此而导致求职者利益受损，求职者有权要求用人单位作出相应的赔偿。

小芳说："你作为求职者，大老远地跑去应聘，他们这么做相当于撤销要约，肯定要对你作出赔偿的。"

二毛说："我还是不大懂你说的要约和承诺。"

小芳说："比如说你去买菜，菜贩在路边大声吆喝，买西红柿吧，便宜啦！这就是要约邀请；你对菜贩说，来两斤西红柿，要大的要红的，这就是要约；菜贩说好嘞，我这就给您装上，这就是承诺。然后买卖合同就成立了。"

二毛说："那是不是说，菜贩要是吆喝说，买三斤送一斤，如果我买了三斤，他不送一斤，就会产生法律后果，对吧？"

小芳说："理解得没错。"

二毛说："原来是这样，我真的看出学法的重要性了。"

小芳说："可不嘛，学好法，打工路上不吃亏！"

二

磨难会让一个人长大，尤其是男人。

虽然拿到了赔偿，可二毛没找到工作，心情还是很失落。晚上，二毛吃了一碗面，还喝了一瓶啤酒。他不胜酒力，喝完后有点儿晕。

阳光总在风雨后，希望总是在失望后。二毛乐观地想。

二毛找了一个网吧，刷了一夜的招聘广告。

二毛看到一则招聘广告很适合自己：

大顺公司招聘保安人员，要求：年龄30周岁以下，身高170厘米以上，身体健康，性格开朗，吃苦耐劳。本公司提供食宿，每月工资4000元。

二毛一琢磨，心想，我身高快一米八了，长相也不差，一把子力气，应该符合条件了。这份保安工作每月4000元工资，还包食宿，干上几年就可以赚钱回家盖房子了。

憧憬是一种动力，会给人拼搏的勇气和力量。

二毛按照地址来到了大顺公司，参加面试。

没出任何意外，二毛面试成功了，面试官还对二毛说："你的条件不错，好好表现，以后会把你往保安队长方向培养。"

面试官一番话，说得二毛心花怒放，保安队长，那不就是管理岗位了嘛。

大顺公司和二毛签订了劳动合同。

二毛发现，劳动合同中并没有提及工资待遇。不过也无妨，毕竟人家在广告中都说了工资4000元，应该不会有假。

二毛顺利地上岗了，在一个居民小区做保安。上岗第一天，二毛就把自己穿保安服的照片发给了小芳。

小芳夸奖了二毛，说二毛真帅。

到了月底发工资的时候，二毛却有点儿傻眼，因为到手工资只有2000元。

二毛很生气，去找保安经理理论。最后发现，原来是人力资源部搞的鬼，他们为了能招到人，在招聘广告中虚写了工资。

二毛心想，这不明摆着骗人嘛。

二毛赶紧给小芳打电话。

小芳听完二毛的遭遇后，对二毛说："大顺公司在招聘广告上写了工资待遇，这个是有法律效力的。你去申请劳动仲裁吧！"

"我这个事儿，劳动仲裁能管吗？"

"当然管了，咱们这属于劳动争议，劳动争议仲裁部门当然会受理的。"

·哪些争议属于劳动争议·

《劳动争议调解仲裁法》第2条规定，中华人民共和国境内的用人单位与劳动者发生的下列劳动争议，适用本法：（1）因确认劳动关系发生的争议；（2）因订立、履行、变更、解除和终止劳动合同发生的争议；（3）因除名、辞退和辞职、离职发生的争议；（4）因工作时间、休息休假、社会保险、福利、培训以及劳动保护发生的争议；（5）因劳动报酬、工伤医疗费、经济补偿或者赔偿金等发生的争议；（6）法律、法规规定的其他劳动争议。

"那我要先辞职，才能申请劳动仲裁吧？"

"劳动者认为自己的权益受到损害，随时可以申请劳动仲裁，这个和是否在职没有关系。"

"我不懂怎么申请，啥都不会呀！"二毛的语气显得没有底气。

"没事儿，我一步一步教你吧！"

· 如何申请劳动仲裁 ·

根据《劳动争议调解仲裁法》第 4、5 条规定，发生劳动争议，当事人可以选择协商、向调解组织申请调解，或者直接申请劳动仲裁。同时，根据《劳动争议调解仲裁法》第 21 条第 2 款规定，劳动者可以选择向劳动合同履行地或者用人单位所在地的劳动争议仲裁委员会提出劳动仲裁的申请。

劳动者在立案时，首先要填写《劳动仲裁申请书》，其内容包括三部分，劳动者和用人单位信息；请求事项；所依据的事实和理由。还需要提供能证明劳动关系或用工关系的证据。

劳动者把《劳动仲裁申请书》和证据材料提交后，劳动争议仲裁委员会认为符合立案条件的，出具《立案回执》，认为不符合立案条件的，出具《不予立案通知书》。

《劳动仲裁申请书》范本如下：

劳动仲裁申请书

劳动者 / 申请人 / 投诉（来访）人		用人单位 / 被申请人	
姓　名		单位名称（营业执照名称）	
性　别		企业性质	
出生日期		境外合资方名称	
户口性质		中方主管单位	

地址		法定代表人（负责人）	姓名	
			职务	
			电话	
身份证件类型		劳动合同履行地或用工单位所在地		
		办公经营地址		
电话		劳资负责人	姓名	
			电话	

请求事项 / 反映问题：_____

_____

_____

_____

事实和理由：_____

_____

_____

劳动者 / 申请人 / 投诉（来访）人（签名或盖章）：

年　月　日

　　"妹妹啊，打官司是一件很严肃的事儿，我自己能行吗？"

　　"没问题的，你肯定行的。"

　　二毛按照小芳教的步骤去申请了劳动仲裁。

　　劳动争议仲裁委员会受理了二毛的案件后，把仲裁材料送达了被申请人大顺公司，并通知了开庭时间。

　　很快，劳动仲裁庭开庭了。

　　仲裁员首先组织调解。经过调解，大顺公司同意按照广告中工资与二毛实际到手工资的差额赔偿二毛。

　　二毛拿到了赔偿后，心里很开心。

但是，二毛发现，自己升任保安队长的希望应该是落空了，因为保安经理对自己的态度开始变得客气而冰冷。二毛想了想，这样的工作没法干下去了，于是他向大顺公司提出了辞职。

傍晚时分，二毛拎着行李走出大顺公司，他看着自己落寞的身影在夕阳下显得那么狭长，心里觉得很失落，很孤单。二毛突然想起一句古词：古道西风瘦马，夕阳西下，断肠人在天涯。

三

缘分总是在不经意间突然出现。

富贵砖厂在招聘网站推出招聘广告：

本砖厂吸纳各路人才加盟，叉车司机、制砖师、搬砖工、炒菜师傅、面点师，提供社会保险，包住宿，工资月结，机会难得。

二毛从网吧刷到这则招聘广告，心想，自己没啥特长，但年轻，力气有的是，做个搬砖工还是不错的。

二毛拨通了广告上的招聘电话，也就是老李的电话："请问，您那里还招人吗？"

老李说："当然招，你准备应聘什么职位呢？"

"我想应聘搬砖工，请问待遇怎么样？"

"我告诉你三点：第一，工资待遇肯定不差；第二，给员工提供社会保险；第三，食堂的饭菜便宜；第四，住宿环境好。"

"您不是说三点吗，怎么多了一点呢？"

"等你来了就知道了，好处多的可不止这一点哦。"老李是个营销高手，懂得如何把吸引人的信息传递给对方。

听说还有社会保险，二毛非常开心。心想，这回被狗咬了，打针肯定不用自己花钱了。

于是，二毛按照老李提供的地址，坐车来到富贵砖厂。

二毛拎着旅行下车后，觉得厂子还是挺正规的，高大的厂门，青砖的围墙。

二毛告诉保安老赵，自己是来应聘的。老赵伸了一个懒腰，慵懒地扫了他一眼，让他先登记。

登记后，二毛进了厂，来到老李办公室。

老李上下打量了一下二毛，心想，小伙子还挺壮实，搬砖应该是一把好手。

老李说："你把之前的工作经历介绍下吧。"

二毛诚恳而又简洁地回答说："农民。"

老李问："你的特长是什么？"

二毛自豪地回答："使不完的力气。"

老李问："有女朋友吗？"

二毛说："有。"

老李问："女朋友做什么工作的？"

二毛说："在村里养猪。"

老李又问："你的梦想是什么？"

二毛说："赚钱了回家盖房子，娶媳妇，生个儿子，等儿子大了带儿子好好种地。"

老李叹了口气，对二毛说："梦想，可以再大一点儿的。"

四

富贵正在看一本管理学书籍，老李敲门进来。

老李说："老板，我面试了一个小伙子，名字叫二毛，我觉得这小伙子还不错。"

富贵把书合上，放在桌子上，对老李说："那你说说他的情况。"

老李把二毛的情况向富贵做了介绍。

富贵对老李说："我正看管理学的书，书上说在员工入职前，要做一个背景调查，免得产生不必要的麻烦。"

老李笑了笑，说："对于普通员工来说，做背景调查的作用不大。"

·什么是背景调查·

背景调查是通过向求职者从前的同事、合作伙伴了解求职者的背景资料和证明材料等的真实性，目的是了解求职者经历和他人对求职者的评价。还可以了解求职者是否存在商业秘密、竞业限制的约束。对于背景调查而言，一般针对的是高级管理人员和技术人员。

富贵说："你的意思是，像二毛这样的搬砖工，没必要做背景调查吗？"

老李说："是的老板。还有，背景调查不能轻易做，要取得劳动者本人同意，否则会有一定的法律风险。如果我们偷偷调查，他可以侵犯隐私权为由起诉我们的！"

富贵说："这么可怕呀！"

老李狡狯地一笑，对富贵说："还有，二毛这个人我已经做过调查了。"

"怎么调查的？"富贵很诧异。

"咱们厂开叉车的老张是二毛的大表姨夫的外甥的连襟的四娘舅。"

"这亲戚还真不远。"

"听老张说，村里人对这小子的印象都不错。"

"都怎么不错啦？"富贵很好奇。

"村里人有啥事儿，二毛都喜欢帮一把。"

"那确实不错，说明很有担当。"

五

老李对富贵说："老板，我准备给二毛发一份入职通知书，邀请二毛入职。"

富贵说："你说过这小子不错，那就赶紧去办吧！"

"老板，我在想，咱们厂招工，还是应该告知入职者一些工作风险的。"

"你说的是哪些工作风险呢？"

"咱们毕竟是砖厂，类似砖头砸脚的风险还是不少的。"

"老李，你还是很有危机意识的嘛！"

"哪里，我昨天看了您给我的劳动法书籍，从书上看到的。"

·求职者和招聘企业的告知义务·

《劳动合同法》第8条规定，用人单位招用劳动者时，应当如实告知劳动者工作内容、工作条件、工作地点、职业危害、安全生产状况、劳动报酬，以及劳动者要求了解的其他情况；用人单位有权了解劳动者与劳动合同直接相关的基本情况，劳动者应当如实说明。

富贵点了点头，说："书中自有黄金屋，看来古训还是非常有道理的。这样，你去写一份工作情况告知书，把咱们的职业危害和安全注意事项写进去，也算履行我们的告知义务嘛！"

"老板，您说的这个办法太好了，能避免很多麻烦呀！"

于是，老李以电子邮件形式向二毛发送了入职通知书：录用人：二毛；职位：搬砖工；薪资待遇：2000 元，合同期 1 年，试用期 1 个月。并随邮件发送了一份工作情况告知书。

老李发完入职通知后，向富贵做了汇报。

富贵说："我想问个问题，入职通知书发出后，我们还能毁约吗？"

老李说："不能，大丈夫一言既出驷马难追嘛！"

富贵说："说的没错，我也这么认为，这样，我给你讲个故事。"

古代时，两个人商量好，要在一个大桥底下见面交易。一个人准时到了，另一个却没来。不巧的是，天降大雨导致河水上涨。看到水涨起来了，来的这人坚守诺言，抱着桥下的柱子一动不动。结果别人爽约，他却被水淹死了。

"这是'抱柱守信'的故事，我听过的却是另外一个殉情的版本，说一个书生为了等一个女生，俩人准备私奔，书生在桥下苦等女生，而这个女生由于家中阻拦，没能及时赴约，最后这个痴情的书生被淹死了。"

正说着，小明敲门进来。

老李说："小明啊，你从法律的角度讲讲入职通知书发出后能不能毁约吧！"

小明说："入职通知书，也称 offer。关于发出后能否毁约的问题，那得从合同法角度来回答了。我们向二毛发出 offer，就相当于要约，要约撤销是要承担法律责任的，也就是缔约过失责任。"

富贵说："那我们在发出 offer 时怎么才能规避风险呢？"

小明说："这确实是个值得重视的问题。"

　　富贵说："我明白了，给求职者发入职通知书不能夸大其词，不能虚假陈述，总之不能把自己绕进去，对吧。"

　　小明说："老板理解得没错。"

　　老李说："老板学富五车，是我们的楷模啊！"

　　富贵笑了，腼腆地说："我只是一个儒商而已！"

六

　　二毛收到富贵砖厂的入职通知书后，看到岗位工资 2000 元，心里想：怎么比我干保安的工资还低，不是承诺每月不少于 3000 元吗？

　　于是，二毛给老李打电话询问情况。

　　老李向二毛解释，入职通知书中的工资是一个保守的数字，并不代表入职后的真实收入，在将来签订的劳动合同中会体现真实收入的。

　　于是，二毛给老李回复了电子邮件，表示自己同意入职。

　　老李告诉富贵，二毛准备入职了。

　　富贵吩咐老李把宿舍准备好，并给二毛提供了一套新行李。

　　富贵对老李说："要让新员工有一种如沐春风的感觉，感动员工，更是要长期坚持的一件事儿。"

老李说："老板说得太好了，这样才能广纳各路人才加盟啊！"

但是，二毛却爽约了。他对老李说："李经理，我不打算入职了。另一家砖厂，也就是富豪砖厂，承诺给我每月的工资是3300元。"

老李说："虽然工资高那么一丢丢，但是做人总是要讲诚信的吧？"

二毛说："人往高处走，水往低处流。我又不傻，肯定选择高薪呀！"

老李很生气，就把二毛被富豪砖厂挖墙脚的事情向富贵做了汇报。

富豪砖厂是另外一个乡镇企业家张富豪创办的，跟富贵砖厂经营同样的业务，因为竞争关系，两个厂关系比较紧张。最近富豪砖厂也在大量招人，还经常把招聘广告贴在了富贵砖厂的墙上。

富贵说："老李，二毛不厚道，富豪砖厂更气人，去把小明叫来吧，咱们商量个对策。"

不一会儿，小明跟着老李走进富贵办公室。

富贵对小明说："是可忍孰不可忍，你说这怎么办呢？"

小明说："老板不要生气，富豪砖厂挖我们的人，我们也可以挖他们的人。"

富贵又问："先不说挖人的事儿，我想知道，二毛承诺入职后失约，这在法律上是怎么规定的。"

小明沉思了下，回答说："二毛作为劳动者，承诺入职后不来上岗，他违反了先合同义务。但二毛作为一名劳动者，对用工岗位享有选择权，所以我们没法追究他的责任。"

富贵生气地说："怎么会这样，难道我们除了谴责，没有别的办法吗？"

小明叹了口气说："确实没有。"

老李说："还有一件事儿，老板让我给他准备了新的行李，我们能要求他按照行李的价钱向厂里作出赔偿吗？"

小明说："行李是厂里提供给新员工的福利，这也没法要求二毛作出赔偿啊。"

老李说："看来劳动法主要保护的是劳动者，而不是企业啊。"

小明点点头说："确实是这样的。"

富贵对老李说："你还说过你做过背景调查，说二毛这小子靠谱呢！"

"老板，知人知面不知心呐！"老李显得很委屈。

七

二毛又一次失落了。他正打算去富豪砖厂入职，富豪砖厂却通知他人员已经招满。

满心欢喜却被放了鸽子，二毛很郁闷。

二毛很生气但没办法，富豪砖厂只是在电话里跟他沟通，并没有给他发入职通知书，所以二毛无法维权，只能作罢。

二毛给小芳打电话，诉说自己的不幸遭遇。

"这个富豪砖厂真是不讲信用，跟我说好的事情，说反悔就反悔。"

"二毛哥，你同意在富贵砖厂入职又放人家鸽子，在法律上已经违反了先合同义务，你有什么委屈的呢？"

"我只是想多赚钱嘛，没想太多。"

"你对富贵砖厂不讲信用，却痛恨富豪砖厂和你同样的行为不道德，这不是双标嘛。"

"这事儿我确实不对，那我以后会记住，要做一名遵守职业道德的劳动者。"

"能改正就好。那就不要伤心了，阳光总在风雨后嘛！"

第二天一早，二毛鼓足勇气，拨通了老李的电话，态度诚恳地承认了错误，并希望老李尽释前嫌，让富贵砖厂能再次接受他。

老李态度很不好地说："二毛啊，我最讨厌别人放我鸽子了。"

"李经理，您大人不记小人过，我如果到富贵砖厂工作，一定好好搬砖，不辜负您的期望！"

老李听完，心情好了许多，就对二毛说："这样，我请示下老板再回复你吧。"

老李跟富贵说了二毛的情况，富贵沉思了下，说："他是浪子回头金不换，我是宰相肚里能撑船，让他回来吧！"

于是，老李通知了二毛，让他按时到厂里报到。

二毛这回学聪明了，乖乖地按照通知到富贵砖厂报到，老李给他分了宿舍，并给他提供了一套整洁的行李。

经历了几许波折，二毛终于安定下来。

二毛对一切还是很满意的，搬砖虽然累一点儿但很充实，食堂饭菜很便宜，工友们对他也都不错。

晚上，小芳打来电话，问起二毛工作情况。二毛告诉小芳一切都好，并告诉小芳富贵砖厂的食堂正在招人，问她想不想过来打工。

小芳说："二毛哥，我当然想跟你在一起打工啊，我昨晚还做梦和你一起呢，我跟我爸妈已经说了出去打工的事儿，他们并不阻拦我。"

二毛说："太好了，比我的爹娘开明多了，我爹昨天还打电话说要打折我的腿呢！"

小芳笑着说："等你有了出息，你爹就不这么说了。"

第二天，小芳打电话跟二毛说："她要跟她嫂子桂花一起去打工。"

二毛激动地说："只要你来，你带咱奶奶来都行！"

八

富贵砖厂规定，招聘人员过了初试后要体检。

富贵对老李说："老李，一定要把好体检这一关，确保富贵砖厂的员工都有强健的身体，这样才能把我们的砖头事业做大做强啊。"

老李说："我明白，体检一定不能存在死角！"

于是，老李找了一家民营体检机构，并告诉他们，该查的项目一定要查。

体检机构的负责人问老李："那乙肝还查吗？"

老李挥了一下手，说："当然，一定要查。"

几名求职者初试合格后，按照厂里要求去做了体检。

他们的体检报告出来后，老李发现求职者董从、夏草的体检结果显示是"乙肝表面抗原携带者。"

于是，老李委婉地对董从和夏草说："实在对不起，厂里有规定，不能录用乙肝患者。"

董从说："我们不是乙肝患者，我们只是乙肝表面抗原携带者。这说明你不具备基本的医学常识。"

夏草说："如果厂里不录用我们，就属于就业歧视，我们可以去劳动部门维权的。"

老李赶紧说："董从、夏草同学，少安毋躁，我请示下领导，再回复你们。"

夏草对老李说："那希望尽快给我们结果，我们还住着旅馆，要是没结果，我们各项开销，你们厂可要承担。"

老李赶紧去请示富贵。

富贵正在办公室和小明商量采购生产线的合同问题。

老李敲门进来，看到小明也在，赶紧说："小明也在，这太好了。"

接着，老李一五一十地说了关于董从、夏草的情况。

小明说："如果拒绝乙肝表面抗原携带者入职，确实属于就业歧视，这在法律上有明确规定。"

老李说："我觉得体检项目应该查得细致，但没想到违法的问题，看来确实是草率了。"

富贵不好意思地说："我也有责任，没考虑那么多。不过我想知道，如果拒绝让冬虫夏草入职，后果是什么呢？"

"老板，他们的名字叫董从、夏草，不是冬虫夏草。"

小明说："国家早就有规定，要保护乙肝表面抗原携带者的就业权利。"

·乙肝表面抗原携带者就业权·

　　劳动和社会保障部、卫生部于 2007 年联合下发《关于维护乙肝表面抗原携带者就业权利的意见》明确，除国家法律、行政法规和卫生部规定禁止从事的易使乙肝扩散的工作外，用人单位不得以劳动者携带乙肝表面抗原为理由拒绝招用或者辞退乙肝表面抗原携带者。各级各类医疗机构在对劳动者开展体检过程中要注意保护乙肝表面抗原携带者的隐私权。

老李说："我还认为厂里招人，可以随便设立入职门槛呢！"

小明说："我们招聘可以设置门槛，但是要跟岗位要求有关，比如招聘搬砖工人，只招男性，这个门槛是没问题的。但招聘一般的岗位如果设置性别、地域的门槛，或者乙肝歧视，这些都属于违法的。"

老李说："你这么一说还把我给提醒了，我这两天还琢磨多招些附近村里的老乡，能解决就业不说，还不需要做背景调查，你说这算不算地域歧视呢？"

富贵说："这么大张旗鼓地招本地人，确实存在地域歧视的嫌疑呀。"

老李说："那我怎么做合适呢？"

小明说："你可以进行定向招聘，比如去村里招聘，招来的肯定就是你想要的人了。"

老李说："还真是个办法，下次招聘就这么做。对了，下次去村里招聘，我带上你吧，老乡们可热情了，还管酒管饭呢。"

富贵笑了，说："不能借工作之便蹭吃蹭喝，还有，这个董从、夏草的名字听着都那么珍贵，就把他们招进来吧！"

九

幸福就是能做自己喜欢做的事儿，看到自己喜欢的人。小芳和二毛的幸福至少要实现一半了，因为他们就要同时在富贵砖厂工作了。

二毛去县城把小芳和桂花接上。

刚到县城，小芳和桂花就显示出很兴奋的样子，看哪里都新鲜。

二毛先带她们俩去一个小餐馆吃了饭。吃完饭，二毛带她们俩回厂，找到老李进行面试。首先是小芳进行面试。

老李问小芳："在食堂工作过吗？"

小芳诚实地回答："没有，但做过十几个人的饭菜，还养过200口大肥猪。"

老李笑着说："做过十几人的饭菜，也算经验，但是养过猪，这个就算啦。"

小芳也笑了，说："对不起，我一紧张就失言了。"

老李说："没关系，我大人有大量。你结婚了吗？"

小芳回答："还没结婚呢。"

老李问："你打算什么时候结婚呢？"

小芳回答："3年之内不打算结婚，近期的目标是找一份合适的工作，把工作干好！"

老李说："很好，正是我们希望找的人。"

老李想，招聘女性员工，肯定会面临女员工休产假，以及女员工在产后的工作状态是否合格等情况，在面试时，不得不问些敏感话题，虽然在法律上不允许，但是不问心里不踏实。

开始轮到桂花面试了。

桂花很紧张也很兴奋，毕竟，她是第一次从农村出来打工。

老李问了刚才和小芳几乎同样的问题。

老李问："请问你结婚了吗？"

桂花考虑了一下说："没结婚呢！"

老李问："那你有男朋友吗？"

桂花害羞地低下了头，说："没有呢！"

老李问："那你对婚育的规划是怎么考虑的？"

桂花说出跟小芳演练好的台词："近几年并不打算结婚，想先把工作干好。"

老李笑着说："还不错，先回去等我通知吧。记住电话要保持畅通哦。"

桂花开心地回答说："好的，我等您电话。"

小芳和桂花都被富贵砖厂的食堂录用了。俩人很开心。更开心的是，俩人还分在同一个宿舍。于是，小芳赶紧给二毛发了短信告知这一喜讯。

第二天，小芳和桂花俩人到富贵砖厂办理入职手续并填写新员工入职登记表，看到里面有婚姻状况一栏，桂花有些傻眼，可没办法。一个谎言已经产生了，就需要第二个谎言来掩饰，于是，她在婚姻状况栏中填写了"未婚"。

办理完入职手续，小芳和桂花开始在食堂上班了，她俩都负责制作面食——蒸包子、蒸馒头、烙饼等。农村出身的她俩吃苦没问题，加上都有做饭的经验，干起来还是比较容易的。

巧的是，正好同村的一个老乡也在富贵砖厂打工，他看到桂花，很开心地过来打招呼："哟，这不是大全媳妇嘛，你也来厂里打工啦？"

更巧的是，老李正坐在旁边吃馒头，看到后很生气，一口馒头差点儿没把自己给噎过去。等老李缓过气来，赶紧走过来质问桂花："你不是说你未婚吗？"

"我结不结婚跟工作有关系吗？蒸馒头没蒸熟还是烙饼给烙煳了？"桂花一句话把老李噎得无语。

老李气得把馒头扔下，扭头就走。

老李越想越生气，于是把桂花隐瞒婚姻状况的事情向富贵做了汇报。

富贵说："无信者不立，这样的人不能在厂里留用！"

于是，老李通知桂花结账走人。理由是桂花在入职时提交的新员工入职申请表中"婚姻状况"一栏所填写的 "未婚"与事实不符，违反了诚信原则。

桂花很郁闷，赶紧问小芳该怎么办。

小芳告诉桂花，对于劳动者来说，个人的婚姻问题属于个人隐私，和工作并无直接关联。劳动者有权选择不回答或者隐瞒自己的实际情况。这并没有违反诚信原则。

于是，桂花在小芳的指导下，申请了劳动仲裁，要求富贵砖厂继续履行劳动合同，恢复双方的劳动关系。

劳动争议仲裁委员会受理了桂花的案件后，通知了富贵砖厂。

老李赶紧跟富贵汇报。富贵让老李把小明叫来，商量下对策。

小明进来后，对富贵和老李说："厂里因为桂花隐瞒婚姻状况就把她给辞了，确实违法呀！"

老李说："桂花在面试和入职登记时都表明了自己未婚，这分明是不诚信的行为，再说厂里有这样的规定，员工不诚信者，一律开除。我们依据规章制度把她开除，难道还违法吗？"

富贵说："就是，撒谎的孩子都要被狼吃掉的。"

小明叹了口气说："还是我来告诉你们原因吧。"

·劳动者的就业隐私权·

企业有权了解劳动者的基本情况，但仅限于与劳动合同有关的信息，包括劳动者的健康状况、工作经历、工作技能、学习背景，以及文化程度等，劳动者对这些都要如实陈述。但与工作无关的个人隐私问题，比如劳动者婚育问题，劳动者可以拒绝回答。人力资源和社会保障部等九部委共同发出的《关于进一步规范招聘行为促进妇女就业的通知》有明确规定，不能询问妇女的婚育情况。

"厂里解雇桂花，真的就违法了？"老李很不解。

小明说："这个肯定是违法的，不用考虑。"

富贵说："看小明斩钉截铁的语气，我觉得他说得对。"

"桂花已经申请了劳动仲裁，看来我们又要输官司了。"老李叹了口气。

小明说："咱们可以找她沟通，让她撤回劳动仲裁申请嘛！"

富贵说："既然我们的目标是冲出亚洲，那违法的事情坚决不能做，就按小明说的，找桂花谈一下，让她撤回仲裁申请，回厂继续上班。"

老李竖起大拇指说："老板的格局就是大呀！"

十

为了让富贵砖厂区别于一般的乡镇企业，能够树立起标准化、品牌化的企业形象，富贵决定给员工统一配备工服。

老李对富贵说："工服可以向员工收取押金，每人收 200 元，规定干满 1 年后，押金退还，损坏工服，要按照原价赔偿。这样可以缓解厂里的资金压力，还可以防止员工离职导致工服浪费。"

富贵说："好主意，不过还是先征求下大家的意见。"

老李说："老板考虑得周到，我这就去办。"

老李找到了食堂经理老钱和车间主任老刘，跟他们说了工服押金的事儿。

老钱说："收工服押金，我第一个反对。还有，损坏工服罚款，这压力也太大了。食堂都是油盐酱醋，水火刀铲，难道让我们赤膊上阵吗？"

老刘说："我也反对收工服押金。还有，让工服保持干净整洁，那请问老李，我们怎么搬砖呢？"

老李把老钱和老刘的态度告诉了富贵。

于是，富贵召集老李和小明，开会商议工服的问题。

"收工服押金是违法的。"小明表明了自己的态度。

老李说："那不收押金的话，员工离职了不交还厂里不就损失了嘛。还有，如果员工把工服穿回家干农活，咱们也是没办法的。"

富贵说："那有什么其他办法吗？"

老李说："要不咱们扣押员工的身份证吧，让员工至少在三个月内保证工服不破损。"

小明说："扣押身份证更不合法了。"

·能否收取劳动者财物和扣押证件·

《劳动合同法》第9条规定，用人单位招用劳动者，不得扣押劳动者的居民身份证和其他证件，不得要求劳动者提供担保或者以其他名义向劳动者收取财物。凡企业以培训费、体检费、服装费、报名费的名义向劳动者收取费用，均属违法行为。

富贵说："多亏我想得通透，找小明来商量，要不又违法了。"

老李说："可不嘛，老板简直是通透达人。不过，不收押金，我们怎么保证员工不退还工服或把工服弄脏呢？"

小明说："这也好办，可以在规章制度中规定：1.发现人为故意损坏情况，按照成本价进行赔偿；2.工服不能带出厂区；3.员工离职后，必须把工服交回，否则按照成本价赔偿。至于您说的弄脏，确实没法做到啊！"

富贵说："总之，办法总比困难多，你们说对吧？"

小明笑笑说："老板就是有种企业家的乐观精神。"

富贵没说话但是露出得意的表情。

老李想了一下，说："我还有一个主意，可以为厂里解决一下工服资金的问题。"

富贵说："那就赶紧说啊！"

老李说："厂里可以把工服分为基础版和豪华版，基础版的工服免费提供，豪华版的工服呢，厂里收取布料费和设计费。这样呢，厂里在工服上还可以赚一些钱。你们想啊，我们这么多小伙子，穿上豪华版的工服还是很有面子的。"

富贵笑了，说："老李啊，你不经商，真的是屈才啦！"

第二章 劳动合同签订

从农民到工厂工人的转变，让二毛很开心。

对于二毛来说，美中不足的地方就是厂里还不找他签订劳动合同，这让他很担心。

食堂里，二毛看见了老李。

二毛跟老李说："寻寻觅觅，我终于把您找到了，厂里什么时候跟我签劳动合同呢？"

"不要着急，厂里自有安排。"

二毛说："不瞒您说，不签合同，我心里没底。搬砖的时候还老想着这事儿呢！"

老李说："搬砖可不能胡思乱想，否则会砸脚的。我还是给你讲个故事吧。"

几个小孩去河边钓鱼。能看见河里的大鱼在游，但就是不上钩。过了一会儿，有两个小孩没耐心，就离开了；过了一会儿，又有两个小孩离开了。最后，就剩下了一个小孩了。

突然，一条大鱼顺利地上钩了。小孩很纳闷，他对大鱼说："为什么我能把你钓上来呢？"大鱼对小孩说："因为我的名字叫作'耐心'啊！"

讲完这个故事后，老李拍了拍二毛的肩膀，起身走了。

二毛咬了一口馒头，看着老李远去的背影，还是觉得不踏实。

晚饭后，二毛找到小芳，他问小芳："妹妹，你说我入职已经十天了，但厂里还没跟我签劳动合同，这怎么办呢？"

"我看厂里最近招聘人多，应该是大家统一签吧！"

"厂里万一不签劳动合同，再不发工资，那就惨了，我连个在富贵砖厂工作的证据都没有。"

"二毛哥，你是怕没法和厂里确认劳动关系呀，这不用担心。"

· 能确认劳动关系的证据材料 ·

　　入职通知书，劳动合同，考勤记录，工资转账记录，报销凭证，社保、公积金及纳税记录，规章制度确认文本，与用人单位签订的安全责任书，工友证言等均可作为证据使用。

　　同时，《劳动人事争议仲裁办案规则》第13条规定，当事人对自己提出的主张有责任提供证据。与争议事项有关的证据属于用人单位掌握管理的，用人单位应当提供；用人单位不提供的，应当承担不利后果。

　　二毛点点头说："除了劳动合同和工资转账记录没有，其他的都有。跟我同宿舍的宝生还说，厂里如果不给我工资，他会第一个出来给我作证的。"

　　小芳笑着说："那就更没问题了。"

　　"车间主任老刘每天早上都带我们喊：今天搬砖不努力，明天努力找工作。这算证据吗？"

　　"当然可以作为证据使用啦！"小芳肯定地回答。

　　"对了，老李给我发过入职通知书，它是不是也能代替劳动合同呀？"

　　"这个问题我真学过，入职通知书和劳动合同的区别还是挺大的。"

　　"那你说给我听听。"二毛很好奇。

·入职通知书和劳动合同的区别·

入职通知书是企业向决定录用的求职者发出的愿与其建立劳动关系的文书，内容包括工作岗位、工资待遇、工作地点和合同期限等，在法律上，入职通知书被视为要约，经过求职者承诺才产生法律效力；劳动合同是企业和劳动者之间建立劳动关系的书面协议，内容包括基本信息、合同期限、工作地点、劳动条件、劳动报酬、社会保险、劳动纪律、终止条件等，明确记载了协议双方的权利义务。

"我明白了，妹妹解释得太好了。不过要是厂里一直不签劳动合同，我们怎么办？"二毛又提出了问题。

"厂里超过1个月不签劳动合同，我们可以要求厂里赔偿未签订劳动合同的双倍工资差额呀！"

"你说的是真的吗？"二毛有点儿不相信。

"当然是真的了，这是法律规定的。"小芳很肯定。

"照你这么说，如果厂里3年不跟我们签合同，那我们不就发财了吗？"

"首先，你的态度就不端正，君子爱财取之有道，就想着钻空子赚钱，这是不道德的。再说，你这种想法根本行不通。"

"你批评得有道理，但我说的也是实话，3年不签劳动合同，我们应该能拿到3年的双倍工资赔偿嘛！"

"你错了，3年不签劳动合同，你是拿不到双倍工资赔偿的。"

"那你得给我解释一下，为啥拿不到赔偿。"

"听我跟你说。"小芳显得很有耐心。

"《劳动合同法》第82条第1款规定，用人单位自用工之日起超过 1 个月不满 1 年未与劳动者订立书面劳动合同的，应当向劳动者每月支付 2 倍的工资。"

"对呀，这不就是法律规定嘛！"

小芳笑着说："别着急，《劳动合同法》第 14 条第 3 款规定，用人单位自用工之日起满 1 年不与劳动者订立书面劳动合同的，视为用人单位与劳动者已订立无固定期限劳动合同。"

"那是不是说，厂里超过 1 年不跟我们签订劳动合同，1 年后就不用给我们双倍赔偿了？"

"是的，超过 1 年未签订劳动合同，就视为我们和厂里签了无固定期限劳动合同。"

二毛用手指数了数，说："就是说，厂里即使一直不跟我们签订劳动合同，我们最多能拿到 11 个月的双倍工资赔偿，对吧。"

"对，还有呢，劳动仲裁是有时效的。"

·劳动仲裁的一般时效·

《劳动争议调解仲裁法》第 27 条第 1、2、3 款规定，劳动争议申请仲裁的时效期间为 1 年。仲裁时效期间从当事人知道或者应当知道其权利被侵害之日起计算。前款规定的仲裁时效，因当事人一方向对方当事人主张权利，或者向有关部门请求权利救济，或者对方当事人同意履行义务而中断。从中断时起，仲裁时效期间重新计算。因不可抗力或者有其他正当理由，当事人不能在本条第 1 款规定的仲裁时效期间申请仲裁的，仲裁时效中止。从中止时效的原因消除之日起，仲裁时效期间继续计算。

"我明白了，就是说，未签订劳动合同1年后，我要赶紧提起劳动仲裁，才能拿到11个月的双倍工资赔偿。每过1个月，未签订劳动合同的双倍工资赔偿就少了1个月，再过1年，就啥也拿不到了，对吗？"

"二毛哥，你很聪明嘛。"

"我肯定是不笨。不过，如果厂里拖欠我工资，是不是也要在1年内提出呢？"

"劳动报酬还是不一样的。"

·劳动仲裁的特殊时效·

《劳动争议调解仲裁法》第27条第4款规定，劳动关系存续期间因拖欠劳动报酬发生争议的，劳动者申请仲裁不受本条第1款规定的仲裁时效期间的限制；但是，劳动关系终止的，应当自劳动关系终止之日起1年内提出。

"我明白了，在职期间，可以不受1年的限制，但是我要是离职，就要在1年内提起劳动仲裁才行。"

"你说得太对了，你说你咋这么聪明呢？"

二毛露出了自豪的表情。

二

富贵把老李和小明叫到自己办公室。

富贵问老李："二毛这些新员工已经入职了，他们的劳动合同怎么还不签呢？"

老李说："老板，我正想跟您汇报呢，我昨天仔细研究了咱们厂之前的劳动合同，看完后给我吓出了一身冷汗。"

富贵问："为啥呢？"

"里面居然有'本合同解释权归公司所有'这样的条款。"

富贵说："听你这么一说，我怎么也出了冷汗呢，那就赶紧改吧。"

老李说："我和小明正在改，我们要让它合法、合理，又经得起推敲。"

"放心吧老板，我很快就能处理好。"小明拍了拍胸脯。

富贵说："难道像'跳着舞蹈就把牛给宰了'一样轻松吗？"

小明说："虽没有庖丁解牛那么厉害，但道理一样，熟能生巧。"

富贵说："今天早上我被新入职的董从、夏草给拦住了，问厂里啥时候跟他们签'卖身契'，他们为啥把劳动合同叫'卖身契'呢？"

小明说："这是对劳动合同的调侃而已，形容劳动关系除了财产属性外，还具有人身属性。比如说，员工要受到企业的规章制度约束，要服从企业的业务安排。"

富贵说："你这么一说，我就懂了。"

老李说："小明啊，我听说劳动合同有口头的，也有什么无固定期限的，这是怎么回事儿呢？"

小明说："您说的是劳动合同分类。"

·劳动合同的分类·

以劳动合同期限长短不同来分类，可以分为固定期限劳动合同、无固定期限劳动合同和以完成一定工作任务为期限的劳动合同；以劳动者的工作时间长短来分类，可以分为全日制劳动合同和非全日制劳动合同；以存在的形式进行分类，可以分为书面劳动合同和口头劳动合同。

老李说："小明说得太好了，不愧是法律小能手啊。"

富贵说："我也提个问题，二毛他们新入职员工的劳动合同到底签多久合适呢？"

老李说："我给他们发过入职通知书，上面说的是合同期1年，试用期1个月。"

富贵说："二毛这个人还不错。车间老刘反映，二毛搬砖很卖力；人也很热心，在食堂吃完饭还会帮小芳擦桌子。这样的好员工，合同可以签长一点儿嘛。"

老李说："老板，二毛和小芳是一个村子的，老乡之间帮助，也算不上热心吧。"

小明说："对于普通员工来说，签订1年期限的劳动合同是可以的，员工的工作能力、个人素养、道德品质在1年内都能体现出来。如果是好员工，我们续签得长一点儿，或者直接签订无固定期限劳动合同，如果不符合要求，厂里在合同到期后不再续签，这样也方便。"

富贵说："我明白你的意思了，进可攻退可守。"

老李说："对于能力强的员工，合同签的时间长些还是好的，这让他们更有归属感嘛！"

小明说："我赞成您的说法，对于高级管理人员、高级技术人员，可以把合同期限定得长一些，这样能避免核心岗位人员流失。"

富贵点点头说："这也是给员工一种'安全感'，像汉高祖刘邦就对韩信说过：'好好干，他日一定与你共享荣华富贵'，这也是长期劳动合同，只不过是口头的。"

老李说："不过，韩信这个高管的下场还是很惨的。话说回来，对于二毛来说，如果1年后不跟他续签劳动合同，需要给他补偿吗？"

小明说："当然需要啦，要按照每年补偿1个月工资的标准来支付经济补偿金。"

老李说："现在经济补偿金的纠纷还挺多的，这个我们要重视啊。"

"员工为企业奉献了自己的青春和努力，企业支付经济补偿金也是理所当然的嘛！这问题不能在我们厂发生，否则员工会寒心的。"富贵感慨地说道。

老李和小明伸出了大拇指，齐声说道："真是个好老板！"

三

一大早，老李和小明来到了富贵的办公室。

富贵说："这么早就来啦！"

老李说："早起的鸟儿有虫吃嘛！"

富贵笑了，说："那咱们继续聊劳动合同吧。"

老李说："今天说说无固定期限劳动合同吧。"

小明说："无固定期限劳动合同和固定期限的区别不大，把它理解成没有终止日期就是了。"

富贵问："是不是像领结婚证一样，签了就是一辈子呢？"

小明说："和结婚证还是不同的，结婚证是一生的契约，无论生老病死，贫贱富贵，都得不离不弃。而无固定期限劳动合同还是有期限的，劳动者到了退休年龄，无固定期限劳动合同就会自动终止。"

老李笑着说："领了结婚证也未必保障一生。"

小明说："不离不弃的婚姻总是让人向往的嘛！"

富贵说："我提一个问题吧，劳动者退休后，发生了纠纷怎么办？"

小明说："这个法律也是有明确规定的。"

·劳动者退休后的用工纠纷如何处理·

劳动者退休并享受退休待遇后，劳动关系自动转为劳务关系。一旦发生用工纠纷，劳动者提出劳动仲裁申请，劳动仲裁机构不予受理。起诉到法院，法院按照劳务纠纷处理。

看富贵和老李不大明白，小明举了下面的例子：

二毛跟富贵砖厂签订了无固定期限劳动合同。时光荏苒，二毛到了退休年龄，开始领退休金了，本想回家种地，但富贵极力挽留，于是他就留在厂里继续工作。到领工资时，二毛发现没有自己的工资，就去质问富贵。富贵微微一笑，对二毛说："你都领退休金了，还要工资干嘛！"于是，二毛去申请劳动仲裁。

富贵说："劳动仲裁不会受理的，因为二毛过了退休年龄。但是他可以去法院起诉。"

小明说："老板聪明啊！"

富贵摸了摸自己还很茂盛的头发，说："聪明，但没有绝顶。"

老李也摸了摸自己稀疏的头发，感慨地说："老板，我倒是快绝顶了，可一点儿也不聪明。"

富贵站起身，同情地拍了拍老李的肩膀。

老李问："二毛如果发生了工伤怎么办？"

小明说："这个厂里还是要承担责任的。"

·退休劳动者发生工伤如何处理·

最高人民法院、人力资源和社会保障部《关于退休人员工伤的6个处理意见》第3条规定，离退休人员受聘期间，因工受到伤害的，可通过民事诉讼并参照工伤保险待遇处理。

富贵说："我想知道，什么情况下需要签无固定期限劳动合同呢？"

老李说："正好我身上带了一本《劳动合同法》，我给您读一下。"

·订立无固定期限劳动合同的情形·

《劳动合同法》第14条第2款和第3款规定，用人单位与劳动者协商一致，可以订立无固定期限劳动合同。有下列情形之一，劳动者提出或者同意续订、订立劳动合同的，除劳动者提出订立固定期限劳动合同外，应当订立无固定期限劳动合同：（1）劳动者在该用人单位连续工作满10年的；（2）用人单位初次实行劳动合同制度或者国有企业改制重新订立劳动合同时，劳动者在该用人单位连续工作满10年且距法定退休年龄不足10年的；（3）连续订立2次固定期限劳动合同，且劳动者没有本法第39条和第40条第1项、第2项规定的情形，续订劳动合同的。

用人单位自用工之日起满1年不与劳动者订立书面劳动合同的，视为用人单位与劳动者已订立无固定期限劳动合同。

富贵打了个哈欠，说："法条听了容易犯困。"

富贵说："还是小明用通俗易懂的话来具体解释下吧，法条太长了记不住。"

小明赶紧说："好吧，我来解释。第一种情况呢，企业和劳动者双方协商一致，就可以签订无固定期限劳动合同。"

富贵说："这个好理解，你情我愿嘛！"

小明接着说道："第二种情况，二毛在本厂连续工作满10年，是要签订无固定期限劳动合同的。"

富贵说："10年的老员工，确实应该签订无固定期限劳动合同，这样才让员工有信心。"

老李说："古人说：商人重利轻别离，看来老板是不一样的商人啊！"

小明说："老板是有格局的儒商。"

富贵摆手笑了笑，说："不要再夸我啦，小明接着说。"

小明说："第三种情况，用人单位初次实行劳动合同制度以及国有企业改制重新订立劳动合同，劳动者已经在单位工作了10年以上且距法定退休年龄也不足10年，这样的情况要订立无固定期限劳动合同。"

老李说："我们是乡镇企业，再说也没成立那么久，所以跟我们关系不大。"

小明说："第四种情况，连续签订两次固定期限劳动合同，而劳动者没有出现试用期不合格、严重违反规章制度、因患病或者负伤导致无法工作，没有出现不胜任工作、调岗或者培训后仍无法工作等情形，那么就要签订无固定期限劳动合同了。"

富贵叹了一口气说："管理员工，真是件不容易的事情。"

老李说："可不嘛，我做个人力资源经理，也是不容易啊。"

小明说："法律保护劳动者，这本身就符合同情弱者的社会价值观嘛。"

老李问："那这几种情形都说完了吗？"

小明说："还有一种情况，假如我们一直不和二毛签订劳动合同，1年后，就视为厂里跟他签订了无固定期限劳动合同。"

老李说："这可太可怕了，1年未签订劳动合同，劳动者去劳动仲裁申请双倍工资，然后还可以要求签订无固定期限劳动合同。"

富贵指着老李说："如果犯了这样的错误，你难辞其咎啊！"

四

小明讲完无固定期限劳动合同，富贵听得有点儿累了，于是站起来伸了一个懒腰。

老李看了看笔记本，对小明说："上回你说的分类还包括以完成一定工作任务为期限的劳动合同，你能说下它吗？"

小明说："以完成一定工作任务为期限的劳动合同有一个明显的特征，就是有始期而终期不确定。"

富贵说："就像两人结伴旅行，约定旅行结束就分开，各回各家，对吧？"

小明说："老板想象力丰富，这个比喻还真形象。"

老李说："也有点儿像结婚，工作任务就是两人过日子，万一谁挂了，工作任务也就结束了。"

富贵说："这是悲观主义的想法，要不得。"

老李说："我只是一个比方。不过，这类合同我没接触过。"

小明说："跟行业有关吧，工程类企业比较多，还有季节性农业公司，都比较适合这类劳动合同。"

富贵说："那么，订立以完成一定任务为期限的劳动合同有什么好处和坏处呢？"

小明说："这合同太绕嘴了，我们就称呼它'任务合同'吧！任务合同还是比较灵活的。在项目结束后，支付劳动者经济补偿金，双方的劳动关系就正式解除了。"

富贵若有所思地说："有点儿一拍两散的意思。"

老李说："我有一个问题，任务合同如果和劳动者签订两次以后，需不需要签订无固定期限劳动合同呢？"

小明说："首先，任务合同之间不是连续的。而劳动合同法第

14条第2款第3项规定的是连续订立两次固定期限劳动合同，任务合同既不是固定期限劳动合同，又没有连续，所以，不会产生您担心的问题。"

富贵竖起了大拇指说："讲得真不错！"

老李也夸赞道："听了还想听。"

小明腼腆地笑了一下说："谢谢老板和老李的肯定！"

富贵示意小明继续说。

小明兴致勃勃地说："那我还是举个例子，为了区分，我的这个例子的主人公不叫二毛了，咱们叫他大强子怎么样？"

富贵说："大强子，好名字啊！"

小明开始讲了下面的案例：

一个建筑公司招聘大强子做技术员，负责大楼的施工技术工作。双方签订了任务合同，约定了待大楼建完后劳动合同期限截止。但施工到一半时，甲方迟迟不给钱，导致大楼停工。

小明问："那么，大强子的劳动合同如何处理？"

老李说："这个不属于建筑公司自身原因，可以直接和大强子解除合同吧。"

富贵说："直接解除劳动合同肯定不行。"

小明说："老板说得对，这属于大强子被动待岗了，在实务中企业有两个办法。"

· 劳动者待岗的处理办法 ·

1. 经过协商，一致同意解除劳动合同，但要根据《劳动合同法》第46条第2项的规定向劳动者支付经济补偿金。

2.《工资支付暂行规定》第12条规定，非因劳动者原因造成单位停工、停产在一个工资支付周期内的，用人单位应按劳动合同规定的标准支付劳动者工资。超过一个工资支付周期的，若劳动者提供了正常劳动，则支付给劳动者的劳动报酬不得低于当地的最低工资标准；若劳动者没有提供正常劳动，应按国家有关规定办理。

小明又说："大强子被动待岗，公司要给生活费的。"

老李问："大强子待岗期间，为啥发放的是生活费而不是工资呢？"

富贵说："别忘了，大强子并没有提供劳动啊，这么简单的问题都不会。"

老李说："老板，咱俩的理解能力肯定不一样啊！"

"你说的也对。"富贵点了点头。

小明又举了一个例子：

大强子到建筑公司应聘泥瓦工，签订了任务合同，这个工程项目需要 10 年才能完成。果然，大强子在工程项目上工作了整 10 年，也就是说，任务合同已经持续了 10 年。

小明提问："建筑公司需要与大强子签订无固定期限劳动合同，还是直接按照合同约定，让大强子结账走人呢？"

老李说："结账走人呗，项目已经结束了嘛。"

小明说："你说的有一定道理，但是要区分对待。"

·以完成一定工作任务为期限的劳动合同期满如何处理·

以完成一定工作任务为期限的劳动合同期满，企业支付经济补偿金，双方劳动合同终止；如果任务合同连续满 10 年，而且劳动者的职位不属于特殊岗位，企业需要和劳动者签订无固定期限劳动合同。

老李说："小明啊，你解释得真是太好啦，让我学到了很多之前不了解的劳动法知识。"

富贵点了点头，说："我还有一个问题，任务合同结束后，如果企业挽留大强子继续订立劳动合同，而大强子不同意，还有经济补偿金吗？"

小明说："那我再举个例子吧。"

富贵砖厂承接了一个大项目，于是开始招聘，二毛应聘技术人员并和公司签订了任务合同，工程结束。老板富贵觉得二毛人很好，就希望跟二毛续签劳动合同，可二毛坚决不同意，富贵哭哭啼啼地说："你要走我就不给你结账。"二毛坚定地说："你能留住我的人也留不住我的心。"于是，富贵伤心地离开，二毛在后面喊道："老板，别忘了给我经济补偿金啊！"

老李说："怎么例子的主人公变成二毛啦？"

小明笑着说："因为是我们富贵砖厂的案例嘛！"

富贵说："我的感情有时是比较脆弱，这代表我对人才的渴望嘛。"

老李说："老板啊，我就要招来一个比您感情更脆弱的人了。"

"什么样的人才啊，你赶紧说说。"富贵很好奇。

老李说："他的名字叫刘备，准备来咱们厂应聘技术主管，他有近十年的制砖技术经验呢！"

富贵点了点头说："那还真是个人才，一定要好好跟他谈谈，不过，他的名字怎么跟刘皇叔一样呢？"

"据他自己介绍，他就是三国刘皇叔的后代。"

"我一直对三国是否存在刘皇叔这个人心存怀疑，看来是真的啊！"小明感慨道。

富贵说："还是说刚才那个案例，案例中的我到底应不应该给二毛经济补偿金呢？"

小明说："任务合同一旦到期，企业一定要支付经济补偿金，哪怕劳动者拒绝续签。"

老李说："小明，你能再说下非全日制劳动合同吗？"

小明说："太晚了，都到下班时间了，我得先去食堂买饭，去晚了就没饭吃了。"

富贵站起来，豪爽地说："走，咱们去'辣妹子菜馆'，边吃边聊。"

老李说："老板就是仗义、豪爽还大方，我算跟对人了。"

五

"辣妹子菜馆"的老板是一个四川妹子，饭馆因此而得名，这是富贵砖厂周边一个人气很火的小饭馆。

在辣妹子菜馆里，一张桌子，几个小菜，一瓶老白干。富贵、老李和小明在一张桌子前围坐。

老李问："小明啊，你赶紧说合同的事儿吧！"

富贵给小明夹了一块肉，说："看得出小明爱吃肉，先让小明吃饱吧。"

老李说："听说爱吃肉的人俗气。"

小明辩解道："我不但食有肉，还要居有竹呢！"

富贵说："老李一竿子又打倒一群人了。小明继续说非全日制劳动合同吧。"

小明说："好吧，还是说刚才的话题。"

·非全日制劳动合同的特点·

《劳动合同法》第 68 条规定，非全日制用工，是指以小时计酬为主，劳动者在同一用人单位一般平均每日工作时间不超过 4 小时，每周工作时间累计不超过 24 小时的用工形式。第 69 条规定，非全日制用工双方当事人可以订立口头协议。从事非全日制用工的劳动者可以与 1 个或者 1 个以上用人单位订立劳动合同；但是，后订立的劳动合同不得影响先订立的劳动合同的履行。

小明举了下面的例子：

勤快的二毛为了补贴家用，来富贵砖厂搬砖。二毛和老板富贵口头约定，他每天工作 6 小时，每周工作 4 天。富贵半个月给二毛结算 1 次工资，双方还约定了 1 个月的试用期，试用期间工资打 8 折。

小明问："你们觉得老板的做法合法吗？"

老李说："工作时间合法，试用期工资打 8 折不合法。"

小明说："老李说得对。二毛虽然每天工作超过 4 小时，但每周并未超过 24 小时，这是合法的。但约定试用期是不合法的，尤其是试用期工资还打 8 折。"

富贵说："非全日制用工双方当事人可以订立口头协议，对吧？"

老李说："老板理解的没错。"

富贵说："我有一个问题，我半个月给二毛结算一次工资合法吗？"

小明说："这也是合法的。"

《劳动合同法》第72条规定，非全日制用工小时计酬标准不得低于用人单位所在地人民政府规定的最低小时工资标准。非全日制用工劳动报酬结算支付周期最长不得超过15日。

老李说："那非全日制劳动合同能否兼职呢？"

小明说："我再举个例子吧！"

二毛同时跟富贵砖厂和富豪砖厂签订了非全日制劳动合同，工作都是搬砖。两个砖厂之间距离不远，骑单车10分钟就够了。于是，二毛每天在两个砖厂之间快乐地穿梭。

这事儿被富贵发现后，他很生气，二毛居然给自己的竞争对手工作。于是，他让老李打电话给二毛，通知他不要来上班了，工资直接打卡里。

小明一边说，一边翻着菜谱，突然好奇地问道："怎么还有'两吃鱼'这道菜？"

老李说："你没吃过吗？"

小明说："真的没有。"

老李说："这是一个典故，当年李白曾作诗'案前一壶酒，灶上两吃鱼'，说的就是这道菜。"

小明说："真的假的，难道还是一道历史名菜？"

富贵笑着说："所谓'两吃鱼'，就是一鱼两吃，前生后熟。至于这首诗嘛，肯定不是李白写的，我没猜错，应该是老李所作吧！"

老李挠了挠头说："啥事儿都瞒不过老板啊。"

"小明接着说。"富贵哈哈大笑起来。

小明说："在上面案例中，产生了三个问题：第一，二毛做兼职是否合法；第二，老板辞退二毛是否违法；第三，老板需不需要支付经济补偿金。"

老李喝了一口白酒，夹了一口花生米，说："辞退应该不违法，另外两条我还不确定。"

·非全日制劳动合同的解除·

《劳动合同法》第71条规定，非全日制用工双方当事人任何一方都可以随时通知对方终止用工。终止用工，用人单位不向劳动者支付经济补偿。

富贵说："我随意辞退了二毛还不违法，这可太好了。"

小明说："我再举个例子。"

二毛被富贵砖厂辞退后，就专心在富豪砖厂上班。在一次搬砖中，由于没留神，砖脱手掉落，把脚给砸伤了，老板张富豪对二毛说："二毛啊，你脚都伤了，那我就不留你了，工资给你算到昨天，今天的工资就当你赔我的几块砖钱了，山高路远，咱们后会有期。"

小明问："你们说，富豪砖厂的行为合法吗？"

富贵说："首先，我痛恨张富豪这种不负责任的行为。还有，按照小时来计酬，企业不应该承担工伤的责任吧。"

小明说："不对，在非全日制劳动合同中，企业也是要给劳动者提供工伤保险的，如果不提供，依然要承担工伤事故的企业责任。"

老李问："我也痛恨张富豪这种坏老板。还有，如果和二毛签订的是劳务合同呢？"

小明回答："那二毛就只能依据民事法律来提起诉讼了。因为劳务合同不受劳动法保护。"

三人说话间,一瓶老白干见底了。

老李感觉没有尽兴,对富贵说:"老板,古人有诗云:将进酒、杯莫停。咱们是不是再来一瓶呢?"

富贵拒绝了,说:"古人还说过:往往醉误事,过量伤身躯。"

小明端起了酒杯说:"劝人喝酒的古诗多,劝人少饮的古诗少,这诗我还第一次听说,还是老板博学。"

老李说:"老板学富五车嘛!"

六

在富贵办公室里,老李向富贵汇报劳动合同进展情况。

正说着,小明进来了。

"小明啊,你总是像及时雨一样,在我需要的时候赶到。我正要问你,签订劳动合同的信息填写需要注意哪些问题呢!"

小明坐下后,对老李说:"先说下企业和劳动者信息的填写。企业名称要填写全称,企业住所一般填写实际用工所在地或公司总部所在地。如果由总公司统一和分公司、子公司的员工订立劳动合同,而总公司地址和各个分部地址不一致的,可以直接填写总公司的办公地址。法定代表人或者主要负责人填写其一即可。"

富贵咧嘴笑着说:"以后我们富贵砖厂成立了分公司,确实要总公司统一和员工签订劳动合同,这样便于管理。"

老李说:"老板志存高远啊,佩服。"

小明说:"还有就是关于劳动者的签字,一定不能潦草,要让他认真书写,否则厂里就有吃亏的风险。"

于是,小明举了一个例子:

二毛和一大批求职者到富贵砖厂求职并被录用,老李拿出劳动合同让大家签字。二毛看了看周围，发现没人注意自己，就故意在劳动合同上签了别人的名字。老李没注意看，就直接把劳动合同收了起来。

两个月后，因对加班不满，二毛申请了劳动仲裁，请求劳动仲裁庭裁决富贵砖厂支付未签订书面劳动合同的双倍工资差额。老李接到了劳动仲裁的通知后，赶紧去找二毛的劳动合同，结果找不到。最后劳动仲裁庭支持了二毛的请求。

富贵挠了挠头说："江湖险恶，防不胜防啊！"

老李说："小伎俩而已，不过确实要提防。"

小明说："还有一种情况，就是其他人代签劳动合同的问题，一旦出现，企业的风险也很大。"

老李说："这个事情我经历过，当时我在一家大公司上班，正赶上很多工人同时签合同，有一个工人没来，让他老乡给代签了劳动合同，我觉得没啥风险，就同意了。后来呢，这个工人就把公司给告了，结果公司进行了赔偿，说起来都是泪啊。"

说完，老李的眼睛湿润了。

富贵递给老李一张纸巾，老李擦了擦眼睛后说："正因为这事儿，上一家公司老板骂我笨。"

小明安慰老李说："不因为这事儿，你怎么能遇到这么好的老板呢！"

老李连连点头。

小明接着说："还有，劳动者的地址一定要真实有效。为了避免风险，我们可以在劳动合同的员工信息中增加'信函签收地'一栏，并在劳动合同中增加以下条款：'乙方所列信函签收地为乙方真实有效并能实际接收信函的地址，如该地址变更，乙方应在3日内书面通知甲方，否则仍视为该地址为乙方所确认地址。'"

老李说："这样不错，即使邮寄地址变更，也不是企业的问题了。"

小明说："如果再加一道保险的话，劳动者在劳动合同中要填写本人邮箱。"

富贵说："我有一个问题，如果想跟二毛签订1年期限的劳动合同，而把试用期定为2个月，这样有办法吗？"

小明笑着说："1年期限的劳动合同约定2个月试用期本身不违法，只是大家都习惯了1年劳动合同只约定1个月试用期。因为根据《民法典》的规定，1年以上是含本数的。"

老李说："那就是说，只要满1年，签2个月试用期并不违法，对吧。"

小明说："当然不违法。"

富贵说："为了确保起见，还是签1年零1天的劳动合同比较好，这样可以避免争议啊！"

小明笑着说："老板就是老板，做事儿狡猾，跟狐狸一样。"

老李说："应该说，思维周密，跟狐狸一样。"

"这我都不爱听。"富贵撇了撇嘴。

七

周末晚上，宝生请二毛喝酒，他买了一瓶二锅头，还买了一只烧鸡和一袋花生米。

"宝生，又让你破费了。"二毛显得不好意思。

"咱们哥俩这么投缘，不要客气。"

"好吧，等我发了工资再请你喝酒。"

二毛和宝生虽然认识时间不长，但是俩人非常聊得来。他们发现彼此有很多共同点：爱幻想、不喜欢学习，都有赚钱的渴望。宝生告诉二毛，等他有钱了一定回家乡跟乡亲们显摆显摆。

二毛说："当然要回家了，富贵不还乡，如锦衣夜行嘛！"

两人用刷牙杯当酒杯，对坐畅饮。可谓"快意江湖，何拘小节"。

宝生给二毛讲了他的过去：他在饭店做过服务员，干了几个月，饭店生意不景气发工资都困难，于是他辞职了；后来他在一个工厂里干了2个月，工厂倒闭，老板跑路了；宝生还去了一家服装贸易公司上班，结果公司老板被人给骗了，公司还不上供应商的钱，被法院查封了。

二毛惊恐地说："这事儿可千万别让老板富贵知道啊！"

宝生喝了一口酒，接着说到他一段被坑的经历：一个私人老板，做粮食生意的。他批发来粮食，给各个饭店送。宝生跟这个老板签了个合作协议，跟着他给饭店送粮食，3个月没有结算一分钱工资。他跟老板要，老板一直说没钱，宝生把这个老板告到了当地的劳动监察大队，可劳动监察大队不管，说这老板是个人生意，也不是合法用人单位，他们管不着。宝生接着就去申请劳动仲裁，可劳动仲裁部门也不受理。

宝生说完，叹了一口气。

二毛啃了一口鸡腿说："这和我与我们村的三哥签的合作协议很像。"

宝生喝了一口酒，说："我咨询了律师，他说，对于这种民间雇佣关系，不在劳动法保护范围之内，他建议我打工尽量在正规企业。"

"给个人老板打工，都有哪些风险呢？"二毛问宝生。

"那风险可太多啦！"

·个人雇佣的法律风险·

1. 个人雇佣并不属于劳动关系。雇主和被雇佣者建立的是劳务关系。

2. 个人雇佣不受劳动法保护，一旦出现纠纷，只能通过调解和诉讼的方式解决。

3. 被雇佣者出现伤亡事故，个人雇主在过错责任范围内承担赔偿责任。

《民法典》第1192条第1款规定，个人之间形成劳务关系，提供劳务一方因劳务造成他人损害的，由接受劳务一方承担侵权责任。接受劳务一方承担侵权责任后，可以向有故意或者重大过失的提供劳务一方追偿。提供劳务一方因劳务受到损害的，根据双方各自的过错承担相应的责任。

"宝生啊，你说得真好。不过，还是相信好人多吧。"

"我们出来打工多不容易，万一遇到无良的老板就惨啦。所以还是尽量找正规的企业上班。"宝生总结道。

"宝生，你最后去法院告这个老板了吗？"

"我也不会写起诉书，也不知道怎么告，后来想想就算了，当倒霉了。"

二毛也叹了口气说："吃亏就吃亏在我们不懂法，不过这老板真的坏，他的良心都被狗吃了。"

"嗯，也许他根本就没有良心。"

宝生有点喝多了，就要拉着二毛出去散步。还对二毛说："昼短苦夜长，何不秉烛游！"

二毛说："想不到你还是个有诗意的人呐。"

路上，宝生搂着二毛的肩膀，问遇到的工友："你说，我们哥俩谁更帅呢？"

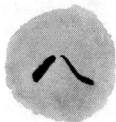

八

富贵砖厂已经下班了，富贵、老李和小明还在聊劳动合同。

小明说："关于工作内容和工作地点，也不能马虎。"

老李说："这个我还是有体会的，如果员工入职时是保洁员，后来调到保安岗位，那就一定要把劳动合同变更过来，否则一旦发生纠纷，员工拿劳动合同举证，在证据上就会不利于企业。"

富贵说："员工犯的是保安的错误，你却拿保洁的劳动合同来说事儿，当然不对。"

老李说："后来我就学聪明了，岗位尽量约定得宽泛一些。"

小明说："宽泛也要有度，还是要结合实际情况才行。"

老李问："还有工作地点的问题，这个范围写得大一点儿好吗？"

小明说："范围大点儿没问题，但也要合理。"

富贵插了句："比如我们在乡里，要是把地点约定为县里，这个行吗？"

老李说："约定整个县范围就过大了吧，小明你说呢？"

· 劳动合同中工作地点的约定·

　　劳动合同的工作地点范围可以适当扩大，但要限制在合理范围。否则起不到约定工作地点的效果，一旦发生纠纷，很难得到裁判者支持。

富贵说："我明白了，和法律冲突的小技巧最好不要用，否则就是搬起砖头砸了自己的脚。"

小明说："这个比喻恰当，不愧是砖厂老板啊。"

富贵说："这样的名句我还有很多呢，比如'万丈高楼砖头起''不要被同一块砖头绊倒两次'。"

老李说："等您成了知名企业家，可以出一本书，名字就叫《富贵厂长的砖头名句》。"

小明说："我一定要成为第一读者。"

九

二毛问小芳："妹妹，眼看着我快入职1个月了，可厂里还没签劳动合同，上次你说如何证明和厂里建立劳动关系的事儿，我留了个心眼儿。"

"又动什么心思了？"

二毛得意地说："我昨天在厂门口和富贵合了个影。"

"你是想留个证据备用，对吧！"

"对啊，我就是这个意思。我跟富贵说，这是我第一次和大老板合影，我的心情非常激动。"

"那富贵怎么说呢？"

"富贵说好好保存咱们的合影，等富贵砖厂成了知名企业，这都是珍贵的回忆啊！"

"你这个坏家伙！"

"我还想跟你商量个事儿。"

"什么事儿啊？"

"你知道，我原来是左撇子，左右手都能写字。我在想，等老李找我签劳动合同的时候，我偷偷用左手签字。等到1年后，我要求厂里支付未签订劳动合同的双倍工资差额。怎么样？"

小芳生气地说："二毛哥，你不要整天想这些歪点子，这样的行为不道德不说，万一被查到，你可要向厂里作出赔偿的。"

二毛一下变得很尴尬，说："我就是随便说说嘛，我怎么会那么做呢。"

"明白就好。"

二毛说："昨天老李在食堂跟我一起吃饭，还送了我一个鸡腿吃，我想，这家伙看起来挺吝啬的，怎么平白无故送我鸡腿呢，我还挺担心的。"

"二毛哥，不要干啥都疑神疑鬼的。这样，我给你讲个故事吧！"

森林里，有一群快乐的小动物，有青蛙、老鼠、鸭子、小猪，还有兔子，它们都是好朋友。有一天，青蛙的泳衣丢了，它怀疑是别人偷的：小猪来请它吃蛋糕，它就怀疑是小猪偷了，因为小猪惭愧才请的它；小鸭子请它游泳，它怀疑是小鸭子偷的，因为谁会没事献殷勤呢；老鼠请它去旅行，它怀疑是老鼠偷的，上次它要跟老鼠旅行老鼠没同意，应该是老鼠在掩饰自己的不安；兔子要教它学画画，它又开始怀疑兔子。于是，青蛙因为失眠而生病。后来，它在自己床底下发现了丢失的泳衣，于是流下了惭愧的眼泪。

"我知道，这是青蛙弗洛格的故事，你是告诉我要学会信任别人。"

"是的，要多相信别人的善意，这样你才能轻松地活着。"

十

富贵和老李来到了小明的办公室。

老李说："小明啊，老板和我来找你，还是劳动合同的事儿，这不能再拖了。今天早晨，几个新来的员工还把我堵在厕所里，问我啥时候签劳动合同呢！"

富贵说："可不，他们见到我也问，搞得我像坏老板一样。"

小明说："路遥知马力，日久见人心，时间长了他们就知道老板的好了。"

富贵说："你这么说，我心里还开心不少。"

老李看了下自己的笔记本，说："那就进入正题吧。"

小明说："那得先从工时制度说起，我国目前的工时制度有三种：标准工时制、不定时工时制和综合工时制。"

老李举了下手说："这我知道，不过我有个问题。"

小明说："那您说吧。"

老李问："劳动法第 36 条规定，劳动者每日工作时间不超过 8 小时、平均每周工作时间不超过 44 小时。而国务院《关于修改〈国务院关于职工工作时间的规定〉的决定》调整为每周整体工作时间不超过 40 小时。应该以哪个为准呢？"

"当然是以 40 小时为准啦！"小明肯定地回答。

"不是上位法大于下位法吗？"老李还是有疑问。

小明回答说："从法律角度本身来说，上位法高于下位法没错，上述决定属于行政法规，在法律位阶上肯定低于劳动法。但是，不能按照法律位阶顺序这么理解。"

·如何理解工作时间·

《劳动法》第 36 条规定，劳动者平均每周工作时间不超过 44 小时，把工作时间做了范围上的限定，国务院《关于修改〈国务院关于职工工作时间的规定〉的决定》把 44 小时缩短为 40 小时，属于对工作时间的具体规定，这样有利于保护劳动者的合法权益。

富贵说："小明解释得还是很透彻的，我是明白了，老李你呢？"

老李说："我也明白了。对了，我还想问个事情，我老婆的熟食店雇用的几个伙计是不是也应该按 40 小时工作时间呢？"

小明说："没错，就应该执行 40 小时的工作时间。"

·个体经济组织工作时间·

1995 年 3 月 26 日，国家劳动部公布了《劳动部贯彻〈国务院关于职工工作时间的规定〉的实施办法》。规定了职工每天工作 8 小时，每周工作 40 小时。还强调了执行 40 小时工作时间的单位包括个体经济组织的劳动者。

富贵说："老李，回去告诉你老婆，赶紧给伙计们支付加班费。"

老李辩解说："我们家熟食店的伙计加班都是有鸡腿吃的。"

小明说："光有鸡腿哪行呢。"

老李尴尬地笑了笑，说："继续说劳动合同吧，该说不定时工作制和综合工作制了。"

小明说："不定时工作制和综合工作制统称为特殊工时制度，这样，我还是拿二毛来举个例子吧！"

二毛应聘到富贵砖厂担任装卸工，签订的是每天 8 小时的标准工时制劳动合同。但因为运货车的原因，导致二毛经常白天没活干，晚上要加班。

小明问："你们说这存在几方面风险？"

老李说："我认为会存在三方面风险：第一，如果夜间装车，二毛可以要求厂里支付加班费；第二，即使白天时间没有车可装，二毛一样享受工资待遇；第三，非工作时间装车，每天不能超过 1 小时，特殊情况下不超过 3 小时，每月不得超过 36 小时。"

小明说："老李总结得非常好，在这种情况下，二毛可以向厂里要求每月超出 36 小时部分支付加班费，还可以向劳动监察部门举报。"

·企业延长工作时间的行政处罚·

《劳动保障监察条例》第 25 条规定，用人单位违反劳动保障法律、法规或者规章延长劳动者工作时间的，由劳动保障行政部门给予警告，责令限期改正，并可以按照受侵害的劳动者每人 100 元以上 500 元以下的标准计算，处以罚款。

富贵叹了口气说："做企业不容易啊，管理员工的风险这么多。"

小明说："是这样的，所以我们要合理地设计管理制度嘛！"

老李说："那刚才的例子，厂里就应该和二毛签订特殊工时制度的劳动合同，对吧？"

小明说："没错，这样的话，企业既可以根据工作需要来合理地安排员工的工作任务，也能有效降低用工成本。"

老李问："实行特殊工时制度是不是都要经过行政部门审批呢？"

富贵问："还有，哪些人员可以实行特殊工时制度呢？"

小明回答说："这俩问题我一起回答吧。"

·实行特殊工时制的岗位包括哪些·

《关于企业实行不定时工作制和综合计算工时工作制的审批办法》第4条规定，企业对符合下列条件之一的职工，可以实行不定时工作制。（1）企业中的高级管理人员、外勤人员、推销人员、部分值班人员和其他因工作无法按标准工作时间衡量的职工；（2）企业中的长途运输人员、出租汽车司机和铁路、港口、仓库的部分装卸人员以及因工作性质特殊，需机动作业的职工；（3）其他因生产特点、工作特殊需要或职责范围的关系，适合实行不定时工作制的职工。第5条规定，企业对符合下列条件之一的职工，可实行综合计算工时工作制，即分别以周、月、季、年等为周期，综合计算工作时间，但其平均日工作时间和平均周工作时间应与法定标准工作时间基本相同。（1）交通、铁路、邮电、水运、航空、渔业等行业中因工作性质特殊，需连续作业的职工；（2）地质及资源勘探、建筑、制盐、制糖、旅游等受季节和自然条件限制的行业的部分职工；（3）其他适合实行综合计算工时工作制的职工。

富贵说："老李，那你抓紧落实下，我们也赶紧实行特殊工时制吧。"

"好嘞，放心吧老板！"老李爽快地回答道。

十一

早会后，富贵问老李和小明："听说富豪砖厂正在招工，但在试用期内不给员工上社保。这应该不合法吧？"

老李说："老板，这肯定是不合法的。再说风险也大，万一发生工伤怎么办？员工看病怎么办？"

小明说："老李说得没错，发生问题得不偿失。"

老李说："富豪砖厂招工的事儿，我也听说了，他们还让员工手写了一份放弃社会保险申请呢！"

富贵说："这相当于逃避企业责任嘛！"

小明说："即使员工自愿放弃社保，企业依然不合法。"

·社会保险的法律性质·

社会保险具有三方性、国家强制性和互助性。三方性指的就是企业、劳动者和国家均承担社会保险的费用；国家强制性是指社会保险由国家立法强制缴存，任何企业不给员工缴存社会保险的行为都属于违法行为；互助性是指社会保险具有国家统筹、一旦个人出现需要救助等情形，互助互利，同舟共济。

老李说："现在比较头疼的一点就是很多员工不愿意缴纳社会保险，宁愿企业补偿点儿钱。"

小明说："没错，尤其是餐饮行业和服务行业，因为人员流动性大，员工对社会保险重要性的意识非常淡薄。"

富贵拍着胸脯说："我作为一个未来的知名企业家，对这个问题还是很重视的，员工不缴纳社会保险，企业确实能节约成本，但对员工绝对不是好事儿，对社会也不是好事儿。"

老李说："老板，您比富豪砖厂的老板格局要大很多呀！"

"井蛙不可以语于海啊！"富贵寂寞地回答道。

老李说："劳动合同的必备条款还剩下一个'劳动安全保障和

职业危害防护'，这个问题要好好讲，毕竟我们是砖厂嘛，安全是很重要的。"

富贵说："咱们可以在厂门口写个大幅安全标语：'不要搬起砖头砸了自己的脚'。"

老李说："这个标语太好了，能时刻提醒员工注意安全。"

小明说："提醒员工不要砸脚，感觉稍有不妥，这个还需从长计议啊。"

"那还是回到刚才的话题吧。"富贵挠了挠头。

小明说："这样，我来设计一份安全生产责任书，作为劳动合同的附件，让员工一并签署。"

富贵说："小明雷厉风行，我喜欢。还有，厂里要设置个安全员岗位，这样才能把安全工作抓好，老李你去物色人选吧。"

老李说："老板分析问题就像蚊子一样，一针见血啊！"

富贵说："安全无小事儿，这个人我要亲自面试。"

十二

老李匆匆忙忙地跑来对富贵说："老板啊，大事儿不好了！"

"啥事儿啊，一惊一乍的。"富贵嗔怪道。

"富豪砖厂为了降低成本，把员工都改成劳务派遣了，我怕对我们厂不利啊！"

"有点儿忧患意识是好的，这点要表扬你。"

"还是要想想办法才行。"老李露出忧心忡忡的表情。

"那就赶紧把小明叫来，听听他的意见吧。"

不一会儿，小明来到富贵办公室。

老李一五一十地把富豪砖厂要把员工改成劳务派遣制的事情说给了小明。

小明笑了笑说："这个不用过于担心。"

"为啥不用担心呢？"老李不解。

"张富豪这么做，是不合法的。"小明肯定地回答道。

"那你要好好说说，他们怎么不合法了。"富贵显得很开心。

"老板，我还是先说说什么是劳务派遣吧。"

·什么是劳务派遣·

　　劳务派遣是指派遣机构与被派遣劳动者建立劳动关系，并将被派遣劳动者派遣到用工单位工作，接受用工单位的管理，并接受用工单位规章制度的约束。在这种三方用工的关系中，派遣机构和劳动者建立的是劳动关系，用工单位和劳动者建立的是用工关系，而派遣机构和用工单位建立了基于劳动用工而产生的民事关系。

富贵说："我明白了，员工给我们干活，但不跟我们签劳动合同。"

"老板就是厉害，总结得一步到位。"小明竖起了大拇指。

"那他们的成本能省在哪里呢？"富贵还是不解。

老李耐心地解释说："老板啊，富豪砖厂把员工转为劳务派遣制，目的是降低员工待遇，还不给员工提供社会保险。这样出了工伤，或者出现劳动纠纷，员工也找不到富豪砖厂，因为劳动合同是跟派遣公司签的。这样做确实节约了成本。"

小明说："不是，使用劳务派遣人员，还是有限制的。"

· 使用劳务派遣人员的限制 ·

1. 《劳务派遣暂行规定》第 3 条第 1 款规定，用工单位只能在临时性、辅助性或者替代性的工作岗位上使用被派遣劳动者。

2. 《劳务派遣暂行规定》第 4 条第 1 款规定，用工单位应当严格控制劳务派遣用工数量，使用的被派遣劳动者数量不得超过其用工总量的 10%。

3. 《劳动合同法》第 63 条规定，被派遣劳动者享有与用工单位的劳动者同工同酬的权利。用工单位无同类岗位劳动者的，参照用工单位所在地相同或者相近岗位劳动者的劳动报酬确定。

4. 根据《劳动合同法实施条例》第 35 条规定，用工单位给被派遣劳动者造成损害的，劳务派遣单位和用工单位承担连带责任。

"按照你的说法，劳务派遣还有什么用呢？"老李提出疑问。
小明说："好处还是不少的。"

· 使用劳务派遣的好处 ·

解决用工单位的临时用工、补充用工和替代用工需求；降低用工单位的用工风险；提高用工单位的生产效率；减轻用工单位的人力管理成本。

"我听明白了，劳务派遣只能是补充用工，而不能成为主流用工。"老李点了点头。

"好处这么多，咱们可以考虑用一下。这样老李，你找个靠谱点儿的劳务派遣公司，跟他们签个合同，一旦咱们生产忙起来，就让他们给咱们提供人员吧。"

小明说："不过，我还要提醒老李一下，和劳务派遣公司合作前，要让他们提供正规有效的劳务派遣许可证。"

富贵点了点头说："考虑得非常周到，资质必须合法，否则就像海市蜃楼一样，经不起推敲啊。"

"老板的比喻虽然不恰当，但我还是喜欢听。"老李一本正经地说道。

十三

富贵砖厂，老李拿着大喇叭开始喊话："新员工抓紧到人力资源部签劳动合同。"

二毛、小芳、桂花都在这批新员工之中。

富贵砖厂和新员工签订劳动合同，合同期限为 2 年，试用期为 2 个月。

拿到了劳动合同，二毛很开心，这毕竟是他人生中的第一份劳动合同。

二毛对小芳说："妹妹，我这下心里踏实了。"

小芳说："你签字没有用左手吧？"

二毛显得有些不好意思，连声说："没有没有！"

小芳说："那就好，咱们可不能想那些歪点子。"

二毛点了点头，说："嗯，从今以后好好干，好好攒钱，争取早日把你娶到手。"

小芳开心地笑了，二毛也笑了。

一对恋人，两张笑脸。

幸福就是这样，有时候并不需要太多语言，只需要一种默契。

第三章

试用期管理

一

周末，二毛和小芳一起出去逛富贵砖厂周边的集市。

小芳对二毛说："二毛哥，这回劳动合同都签了，你就不用疑神疑鬼啦。"

二毛说："这回不担心了。还是妹妹说得对，要学会相信别人。之前我连老李给我个鸡腿都以为他有啥阴谋呢。"

小芳笑了，对二毛说："你就跟那个疑邻盗斧里那个丢斧子的人一样，瞎猜一气。"

二毛说："所以，我以后要多听你的。"

小芳说："在试用期要好好干啊，别让厂里给你辞了。"

二毛说："你不是说劳动者受法律保护吗？那么容易把我们给辞了吗？难道试用期就像我们俩谈恋爱一样，任何一方都可以随便终止？"

小芳笑了，说："肯定不一样，谈恋爱确实是想分就分，谁也不用为谁负责。但试用期不一样，企业如果辞退劳动者，虽然比正式合同期要容易些，但也不能随便辞退。"

接着，小芳给二毛举了一个例子：

小芳和二毛谈恋爱。谈了一段时间后，小芳感觉二毛非常小气、非常吝啬，他每次请她吃饭都吃最便宜的小吃，吃一碗拉面还要装走店里的两瓣大蒜。小芳觉得这样的男人太没风度，跟他在一起不会有前途，于是提出了分手。二毛很伤心，但是没办法挽回，只能默默地看着小芳远去的背影。

"你是不是预示着什么，我怎么觉得很紧张呢。"二毛显得很难过。

"傻哥哥，你别瞎想。我想表达的是，在恋爱期间，我们之间并不产生互相扶养、扶助的义务，都不需要对分手承担责任。"

"你这么说，我就明白了。"

接着，小芳又举了一个例子：

二毛是个能干的好青年，但饭量有点儿大。他和富贵砖厂签订了 3 年的劳动合同，约定试用期为 2 个月，厂里包食宿。二毛工作 1 个月后，厂长富贵觉得二毛干活还行，是个搬砖小能手，但是太能吃了，每顿居然吃十几个馒头。考虑了一下成本效益比，觉得不划算。于是在试用期内将二毛辞退了。

小芳问二毛："你说，厂里这样做违法吗？"

二毛说："不违法吧，试用期应该可以。再说，饭量那么大，老板要是包吃住的话，肯定是亏的。"

小芳说："你说得不对，你去吃自助餐，能因为饭量太大被自助餐厅老板赶走吗？"

二毛说："我还真的看过，一个网友因为吃得多被自助餐厅老板给拒绝了。那个网友还委屈地说，吃得多难道也是错吗？"

小芳说："能吃和工作无关，肯定不构成解除劳动合同的理由。再说，如果以能吃把你辞退，那就是就业歧视了。"

二毛问："这说明能吃不是错。那如果我在试用期提出辞职呢？"

小芳说："没问题啊，你提前 3 天通知厂里就可以走人了。"

·试用期劳动合同的解除条件·

根据《劳动合同法》第 37 条规定，劳动者在试用期内提前 3 日通知用人单位，可以解除劳动合同。除非双方约定了服务期。根据《劳动合同法》第 39 条规定，劳动者在试用期间被证明不符合录用条件的，用人单位可以解除劳动合同。但解除理由要符合"真实性、合法性和关联性"。

"真实性、合法性我还理解，什么是关联性呢？"

"关联性，就是这个理由要和工作本身相关。"

"妹妹，你真是太厉害了，看来我骑着摩托车都追不上你了。"

二

富贵很悠闲地坐在办公室品茶，老李和小明敲门进来。

"来，尝尝我新买的好茶。"富贵给二人各泡了一杯。

老李拿起茶杯，抿了一口说："清香碧绿、味道醇厚，此乃碧螺春！"

富贵惊讶地说："原来老李还是个品茶的高手！"

老李摆摆手说："不敢不敢，在老板面前那是班门弄斧啊！"

富贵说："这回把二毛这批新员工的劳动合同签了，也算是了却了一桩大事儿。"

小明说："试用期的管理不能大意。"

老李说："根据我的经验，试用期的员工是很听话的，因为他们有危机感，昨天还有几个试用期的员工要请我吃饭呢。"

"那你去了没有？"富贵很好奇。

老李说："我怎么能去呢，吃人家的嘴短，这我还是分得清的。"

富贵问小明："试用期是不是就像我跟合作伙伴做生意一样，合则聚，不合则分呢？"

小明说："这么跟您说吧，劳动者肯定是想分就分，但是企业还是要说明理由的。"

老李说："有一点我不明白，既然是试用期，就应该像民事契约一样，劳动者来去自由，企业想辞就辞，怎么劳动法还管这么多？"

小明笑着说："您说的代表了一部分人的观点，但是不对。"

老李问："如果我想辞退试用期员工，如何才能不违法呢？"

富贵说："这可是个大事儿，小明先喝口水，慢慢说。"

小明喝了一口水，笑着说："谢谢老板关心，我先举个例子吧。"

试用期内的二毛在食堂排队，老板富贵排在二毛后面。到二毛时，食堂只剩下五个包子了。二毛说："包子我全要了。"富贵凑上来说："我也爱吃包子，你能给我剩两个吗？"二毛断然拒绝了富贵的请求，拿着五个包子扬长而去。还扭头一边吃包子一边瞪了富贵一眼，富贵大怒，于是让老李把二毛辞退了。

小明说："你们说，老板的做法违法吗？"

富贵说："因为一个包子把二毛辞退固然不对，但二毛也有错，俗话说：见面分一半，何况我还是老板。"

老李说："对呀，二毛还有挑衅老板的行为呢。"

小明说："老板说得没错，不能因为一个包子就把员工给辞退了。我想表达一个观点，企业在试用期解除劳动合同，向员工说明的理由必须合法，还要和工作有关。"

老李说："还有，这事儿要传出去，对老板的形象也不好！"

小明说："那我再举个例子。"

二毛应聘到富贵砖厂工作，和厂里签订两年期的劳动合同，约定试用期为两个月。厂里和二毛在劳动合同中约定：1.二毛在试用期中出现任何工伤情况均由自己负责；2.二毛在试用期内不允许出现请病假、事假等情况，一旦出现，无条件辞退。

小明问："你们觉得这约定合法有效吗？"

富贵说："这应该不合法，员工工伤企业肯定要负责。还有，员工请病假、事假是员工的权利。"

小明说："老板说得没错，这样的约定不合法。"

老李说："小明啊，你这两个例子通俗易懂，但我还是想知道，试用期员工的管理，都有哪些注意事项。"

小明笑着说："不要着急嘛，听我慢慢说。"

·试用期管理的注意事项·

1.有具体的岗位要求，经劳动者签字确认。

2.有明确的试用期考核制度，并组织试用期劳动者学习，保存学习记录。

3.对试用期劳动者进行考核，形成书面文件。

4.向不合格的劳动者发送书面解除劳动合同通知，通知中包含劳动者不符合试用期标准的各项依据。

富贵说："我听明白了，和试用期员工解除劳动合同光说明理由不行，最好有书面文件的依据，这就叫口说无凭。"

小明说："老板理解得非常对，书面证据非常重要。像员工的试用期考核标准、工作记录、出勤情况、规章制度遵守情况等，这些都要留好证据。"

老李说："万事风险源头抓，还是要把好招人关。"

富贵感慨地说："相马固然重要，可赛马更重要啊。"

三

富贵砖厂的旁边有一座小山，山上树木很多，风景不错。

午休时，富贵带着老李和小明一起去爬山。

爬到半路，老李就有些气喘吁吁了，说："老板，我的体力有些跟不上你们了。"

富贵笑着说："坐下，先缓一口气。"

小明说："这个角度不错，能看见砖厂的全貌不说，还能看见砖厂里的工人在井然有序地干活呢！"

富贵说："今天早晨，我看到一则新闻，试用期的员工在宿舍打架被企业辞退，员工申请了劳动仲裁后，企业居然输了官司。这让我很不理解啊！"

老李说："如果打架不是在工作期间，也没造成严重后果，企业将员工辞退，应该是违法的。"

小明说："这要区分情况。比如员工在宿舍打架，把别人打伤，用言语恐吓劝架的人，这是可以把他辞退的；如果两人只是发生口角，并没有造成任何影响，这种情况辞退的话，就属于违法解除劳动合同了！"

富贵问："小明，那什么情况下，企业可以跟试用期员工解除劳动合同呢？"

·企业在试用期解除劳动合同的情形·

参照《劳动合同法》第39条规定，劳动者有下列情况之一的，企业在试用期可以解除劳动合同：

1. 试用期被证明不符合录用条件的。

2. 严重违反用人单位规章制度的。

3. 严重失职、营私舞弊，给用人单位造成重大损害的。

4. 与其他用人单位同时建立劳动关系的。

5. 以欺诈、胁迫的手段或在乘人之危的情况下订立劳动合同的。

6. 被依法追究刑事责任的。

7. 试用期伪造学历、履历，影响对其能力评定的。

富贵说："说到履历造假，我真的很生气，我最恨不诚信的人了，企业原以为招进来一个宝贝，结果却是一个赝品。就像南郭先生吹竽一样。"

老李说："对，还有李鬼冒充李逵的故事。"

小明说："职场作假，从古至今一直存在。不过有些事情虽然作假，但不违法。"

老李拍了下大腿，说："我知道你说的是谁，桂花对吧？"

富贵笑了，说："说起桂花的事儿，她后来跟我承认错误了。我也能理解她撒谎的苦衷，家里有老人，想出来赚钱补贴家里，挺不容易的。"

老李也笑了，说："老板确实善良啊。"

富贵说："做人应该善良的，记得哲人苏格拉底说过，财富带不来善良，可善良却能带来财富和好运。"

小明笑着说："老板心胸广阔，一定能带着我们厂做大做强的。"

四

跟二毛一起进厂的小罗找到了二毛。

小罗说："二毛，这两天就要开工资了，听说我们试用期员工的工资还打了折，你说咱们辛辛苦苦地搬砖，这么对待我们，是不是不讲道理啊？"

二毛说："要是这样的话，岂止是不讲道理，简直是没有天理。"

二毛找到小芳。

"妹妹，试用期工资打折，这个合法吗？"

"这是有法律依据的，试用期工资可以打八折。"

·试用期工资标准·

《劳动合同法》第 20 条规定，劳动者在试用期的工资不得低于本单位相同岗位最低档工资或者劳动合同约定工资的 80%，并不得低于用人单位所在地的最低工资标准。

"我突然又有了一个担心，厂里万一把工资打个对折，这我们怎么办呢？"二毛显得有些忧虑。

"我想不会的，我看咱们厂还是很正规的，富贵厂长每天都笑眯眯的，看着就不是坏人。"

"知人知面不知心，坏人怎么会写在脸上呢！"

"你怎么老毛病又犯了，每天疑神疑鬼的。在这里工作就踏实干，如果侵害了我们的权益，我们可以想办法维权嘛！"

"我这不是担心嘛。"二毛显得很不好意思。

小芳说:"万一出现你说的问题,我们可以去劳动监察部门进行举报,还可以申请劳动仲裁嘛。"

"对了妹妹,我跟你说个事儿,车间老刘昨天把新来的小王给辞退了。因为他搬砖的时候老是偷懒,有一次还躲起来偷偷玩手机。"

"试用期干活就不认真,还偷奸耍滑,厂里辞退他也不冤。"

"我知道不冤,但老刘跟他说,让他收拾行李,赶紧走人。我觉得这有点儿不合情理了吧!"

"这确实有点儿不合情理了。"

"法律有类似的规定吗?"二毛很好奇。

"劳动合同法第 37 条规定,劳动者在试用期内提前 3 天通知用人单位,可以解除劳动合同。但是对于企业在试用期解除劳动合同的通知时间,确实没有规定。"

"不是说,辞退员工要提前 30 天通知吗?"

"你说通知解雇情形只包括三种:医疗期满无法工作、不能胜任工作,还有客观情况发生重大变化。像小王干活偷懒,还偷偷玩手机,在试用期内,就属于不符合录用条件,如果规章制度有规定的话,还属于违反规章制度,是不需要提前 30 天通知的。"

"哦,那我明白了。"二毛恍然大悟。

"不过呢,老刘直接通知小王走人是不对的,应该以厂里的名义,向小王发出一份解除劳动合同通知书,在通知书上写明辞退小王的理由。"

"妹妹,这个你上次说过,这个理由还要符合'真实性、合法性和关联性'。"

"你的记性不错嘛。"

"当然,我小时候还能背诵整篇的古文,要不我给你背一段《出师表》吧!"

"说你胖你就开始喘上了。不过呢，老刘的工作有很大瑕疵，即使是厂里和小王解除劳动合同，也要给小王一定的时间来进行工作交接的。"

"可不嘛，至少给小王留一个和大家吃顿散伙饭的时间吧。"

"你可真是脑回路清奇！"小芳嗔怪道。

五

富贵到了办公室，处理完事情，把老李和小明叫到办公室。

富贵问小明："我记得你说过，一个单位针对一个劳动者只能约定一次试用期。那是不是说：一个员工辞职或者被厂里辞退，如果厂里同意他再次入职，就没法约定试用期了呢？"

小明说："老板，我还是给你举个例子吧。"

二毛应聘到富贵酒楼做迎宾员，因打瞌睡被辞退。二毛被辞退后，心里很不服，去学习了烹饪技术，并再次去富贵酒楼应聘厨师。富贵心想，这小子不能用，再用的话，试用期都不能约定了。于是，富贵对二毛说："兄弟，实在不好意思啊，我决定不卖炒菜，改经营火锅了，你可以去隔壁的李四餐厅看看，我看他昨天还贴出个招厨师的广告呢。"

小明问："那请二位分析下，这个例子中能否和二毛再次约定试用期？"

富贵说："你这个例子说出了我的想法和顾虑，我觉得是不能再次约定试用期的。"

老李说："我的看法和老板一致。"

小明笑着说："那你们的担心是多余的。"

· 能否与劳动者约定两次试用期 ·

《劳动合同法》明确规定，用人单位和同一劳动者只能约定一次试用期，但只针对同一岗位。如果劳动者离职后再次入职不同岗位，企业依然可与劳动者约定试用期。

富贵说："那我明白了，如果二毛再次应聘迎宾员，就不能约定试用期了。"

小明点了点头说："老板说得没错。"

老李看了下表，说："时间如白驹过隙啊，又快到中午了！"

富贵说："啥白驹过隙，都什么年代了，你应该说'高铁过隙'才对。"

老李说："对，我还有一个问题，我老是记不住合同期和试用期对应的时间，老是容易记混，这怎么办？"

小明说："这个确实容易记混，不过我可以教你一个试用期的'126'口诀。"

· 关于试用期的规定 ·

《劳动合同法》第 19 条第 1 款规定，劳动合同期限 3 个月以上不满 1 年的，试用期不得超过 1 个月；劳动合同期限 1 年以上不满 3 年的，试用期不得超过 2 个月；3 年以上固定期限和无固定期限的劳动合同，试用期不得超过 6 个月。

试用期的记忆口诀是"126"，"1"对应的是 1 年及以下劳动合同期；"2"对应的是 1 年至 3 年劳动合同期；"6"对应的是 3 年以上劳动合同期。

老李说："这个办法不错，朗朗上口！"

富贵说："咱们先去吃饭，听说食堂有我爱吃的包子。"

六

老李火急火燎地跑到了富贵的办公室，气喘吁吁的。

富贵对老李说："老李啊，啥事儿这么惊慌呢？"

老李说："老板啊，今天工人阿星要请病假了，他犯了哮喘的毛病，他说要请假1个月。"

富贵说："惊慌什么，该请假就请假呗。"

老李说："问题在于，我们刚跟他签完劳动合同啊！"

富贵说："就是说，他请完病假，试用期也过了，对吗？"

老李说："可不嘛，这就是我最担心的。"

富贵沉吟下，说："这确实很棘手啊。"

老李说："不但棘手，还很辣手呢！"

正说着，小明走了进来。

老李赶紧说了阿星请假的事情。

小明说："这事儿好办，厂里可以跟他签订一份试用期中止协议。"

老李说："这个，我还真的不懂。"

富贵说："试用期中止，有法律依据吗？"

小明说："关于试用期中止，劳动合同法中并没有规定，一些省份出台的劳动条例倒是规定了。并且，裁判者也承认试用期中止的合法性。"

富贵好奇地问小明："哪些省份出台了这规定？"

小明说："像山西、江苏都有。"

小明拿出手机，搜索出了《山西省劳动合同条例》，并指着其中的第23条，给富贵和老李念道："用人单位与劳动者协商一致，可以中止履行劳动合同。中止履行劳动合同期间，用人单位和劳动者双方暂停履行劳动合同的有关权利和义务。"

老李说："签订试用期中止协议难道不需要劳动者同意吗？"

小明用手机搜索了一下，对老李说："再给你看看《江苏省劳动合同条例》第15条。"

小明念道："试用期包含在劳动合同期限内。劳动者在试用期内患病或者非因工负伤须停工治疗的，在规定的医疗期内，试用期中止。"

富贵说："这说明员工在试用期患病了，不需要协议而自动中止。"

老李说："那我们能按照这个规定来处理阿星的请假吗？"

小明说："稳妥起见，还是和阿星签一份协议为好！"

富贵对老李说："那就赶紧去签吧。"

老李说："巧妇难为无米之炊，我都没听说过这个协议。"

小明笑了，对老李说："别着急，一会儿我把电子版发给你。"

富贵对小明说："我有个问题，病假和事假都可以试用期中止吗？"

小明说："从理论上说，确实都可以。"

富贵说："怎么理论上可以，难道现实不可以吗？"

小明说："那我得给你好好讲讲了。"

·如何理解试用期中止·

试用期中止也称试用期停止。中止期间，企业和劳动者之间的劳动权利义务处于中止状态。在发生不可抗力原因导致劳动者无法提供劳动的情形，企业可以提出试用期中止；劳动者在试用期内进入医疗期，企业和劳动者均可以提出试用期中止。

老李说："我明白了，阿星请病假，厂里提出和他签订试用期中止协议，他是无法拒绝的。即使他不签，厂里依然可以按照试用期中止来处理。"

小明说："可以这么理解。"

富贵说："试用期间的社会保险问题应该如何处理呢？"

小明说："试用期中止期间，社会保险是可以停缴的，因为双方的权利义务已经中止了嘛！"

老李说："那发生了工伤怎么办？"

富贵说："你怎么糊涂了，试用期中止了，怎么还可能有工伤呢。"

老李拍了拍自己的脑门说："唉，我要有老板这么有智慧该多好！"

七

富贵砖厂准备送十几名骨干去培训制砖技术，等他们经过培训并通过考核后，就可以拿到"初级制砖师"的证书。

培训的人员是生产部门定的，老李拿到名单后，觉得有些不妥，赶紧去向富贵汇报。

富贵刚送走几个客户，谈成了一笔订单，心情非常愉悦。

回到办公室，富贵铺纸研墨，写下了一句诗：春风得意马蹄疾。

老李敲门进来后，站在富贵的后面。

富贵回头问老李："看你怎么不开心呢？"

"老板啊，我除了不开心，还有些担心呢！厂里这次培训初级制砖师的名单里有二毛，可他还在试用期，我怕厂里花钱打了水漂啊。"

"试用期的员工参加培训有什么问题吗？"

"这里面的风险很大啊，我怕二毛拿到了初级制砖师的证书，跑到别的砖厂上班，那我们岂不是赔了夫人又折兵。"

富贵放下手中的毛笔，对老李说："为什么有这个想法呢？难道不是我们对员工好，员工会对我们更好吗？"

"老板说得没错，可富豪砖厂也招技术工人呢，前几天我还看见张富豪开着面包车，在咱们厂附近转悠呢。"

富贵显得很诧异，说："他在咱们厂附近转悠什么？"

老李生气地说："面包车的车窗上拉着横幅，上面写着：'高薪招聘制砖师'！"

"原来是不怀好意啊！"富贵恍然大悟。

"我担心员工被挖走，尤其是二毛，还在试用期呢！"

"那你有什么好的建议吗？"富贵问。

老李叹了口气说："唉，劳动合同法规定了，给员工提供专项培训，可以和员工签订服务期协议。但是对于试用期员工是否有效，我想还是问问小明吧！"

不一会儿，小明来到了富贵办公室。

小明看了一眼桌子上的字说："老板的字，真的是笔走龙蛇，入木三分啊！"

富贵笑了，说："别忙着夸字，先解决下老李的担心。"

小明坐在沙发上，说："我猜啊，老李是担心给二毛提供的培训费打了水漂，对不对？"

老李说："你猜得没错。我要向你提个问题，如果二毛在试用期辞职能让他承担违约金吗？"

小明干脆地回答："不能！"

·试用期内能否约定服务期·

试用期内，企业可以和劳动者约定服务期，但劳动者在试用期内提出和企业解除劳动关系的，企业不得要求劳动者支付培训费用及违约金。

老李两手一摊，对小明说："那是不是说，就没有办法了呢？"

富贵说："法律都规定了，还怎么有办法。"

老李说："那要是让二毛自己申请呢？比如说二毛写培训申请：本人申请在试用期内参加厂里的制砖师培训，如本人在试用期内离职，该培训所产生的学费、交通费、住宿费等费用均由本人承担。"

小明说："也没用，一旦发生纠纷，裁判者会认为是企业的强制行为。"

富贵站起身来说："我听明白了，也不要争论了。这次的初期制砖师培训，二毛还是参加吧。总不能因为有风险而裹足不前嘛！"

小明说："还是老板有魄力。"

老李说："老板简直是力拔山兮气盖世啊！"

富贵摆摆手说："这词就不要用在我身上了，我可不想败走江东。不过我还有一个问题，试用期员工如果离职，需不需要给经济补偿金？"

小明说："这是需要给的。"

·试用期能否支持经济补偿金·

劳动者依据《劳动合同法》第 36 条与企业协商一致解除劳动合同的，企业应当支付经济补偿金。劳动者依据劳动合同法第 38 条与企业解除劳动合同，企业也应当支付经济补偿金。不因劳动者处在试用期而改变。

老李问："小明啊，你说的协商一致，是不是指劳动者没有任何过错，而双方协商解除呢？"

小明点了点头说："老李聪明，你说得没错。"

富贵撇撇嘴说："这还用问，我一听就明白了。"

第四章

劳动规章制度

一

富贵正在办公室里看书，老李走进来，对富贵说："老板啊，咱们的规章制度该改一改了。"

富贵放下手中的书，若有所思地说："你跟我想一块去了，是要好好改一改，让咱们的规章制度不但合法化，更要人性化、策略化。"

"您说的合法化、人性化我懂，但怎么能实现策略化呢？"

富贵微微一笑，对老李说："我还是给你讲个故事吧。"

森林中有一只老虎大王，它每天都要吃掉一只山羊，而且要吃掉最健壮的山羊。老虎在吃掉山羊的过程中遇到了很多抵抗，这让老虎经常受伤。

狐狸军师给老虎大王出了一个主意，吃山羊不要挑选最健壮的，要挑选老弱病残的来吃掉。于是，老虎按照狐狸的主意发布告示，告知老虎吃山羊的标准改变了，即日起开始捕捉老弱病残的山羊。告示发布后取得意想不到的效果，老虎不再遇到激烈的反抗了，山羊群有时候还会主动把老弱病残的山羊送给老虎。从此，老虎和山羊群和睦相处，亲如一家。

老李说："这个故事的结尾有些匪夷所思，老虎和山羊还能亲如一家。不过，这个故事我听明白老板的意思了，规章制度不要引起员工的抵触情绪。"

"对呀，我就是这个意思。"富贵拍了下自己的大腿。

正说着，小明走了进来。

老李说："小明啊，我和老板在聊规章制度如何修改，你也发表下你的看法吧！"

"我倒是觉得在规章制度中要体现出团队精神才行。我听过一个故事，一群小蚂蚁和一群猴子比赛运松果，最后蚂蚁赢了，依靠的就是团队精神。"

富贵若有所思地说："你的故事说明一个道理，一个人也许走得快，但一群人才能走得远啊！"

老李说："老板总结得太好了，那我们这次修改规章制度就要突出团队精神来。不过，我还有一个问题，规章制度是严格点儿好，还是宽松点儿好呢？"

小明说："这还是要由老板来把握，都说规章制度能反映出领导的性格嘛。"

"这话不错，所谓'你看世界什么样，世界就看你什么样'。"富贵显得很有感触。

老李说："感觉还是严格点儿好，太宽松的规章制度走不长远。"

富贵说："规章制度的制定要体现出管理的艺术，该严格的地方要严，该体恤员工的地方要体现出管理的温情。"

小明说："老板，您总结得太到位啦！"

老李说："老板所说的制度温情，我还是很有感触，这样，我举一个例子吧。"

富贵砖厂制定了非常严格的规章制度。员工迟到两次、上班时间打瞌睡都被视为严重违反规章制度，公司可予以开除处理。员工二毛因为晚上加班，导致了第二天打瞌睡，被厂里开除了。

富贵说："这规章制度太不近人情了。"

小明说："没错，这样的规章制度过于冷酷。如果这么实施，员工会反感的。下面，我换个角度说下规章制度的平等性问题。"

接着，小明举了一个例子：

富贵砖厂规定：不能在厂区抽烟。一天，老板富贵在厂区里看见了二毛，就递给了二毛一支香烟，二毛掏出火机，把俩人的烟都点燃了。这时，老李冲过来对二毛说："依据规章制度的规定，扣你一个月奖金。"

富贵说："怎么有种钓鱼执法的感觉呢！"

老李说："不过，例子中的我跟老板配合得倒是不错。"

小明说："例子中的老李在规章制度的执行上没有平等对待，这会让员工不服的。"

富贵说："对，规章制度就要一视同仁，不能差别化待遇。"

老李说："老板既然愿意以身作则，我肯定会做到一视同仁的。"

富贵说："老李说得好，还有，你去告诉食堂老钱，以后如果食堂卖我爱吃的包子，不要给我留着了，影响不好。"

二

中午时，富贵拎着一口袋包子和两饭盒炒菜，找到了老李和小明，说："咱们一起吃饭，正好商量下规章制度的事情。"

老李说："肚子饿得咕咕叫，老板就把包子送来了，真是雪中送炭啊！"

小明拿起一个包子，正想咬一口，被富贵一手夺下来。小明委屈地说："老板，我饿呀！"

富贵笑着说："我出个题，每人说一句诗，主题就是这个包子，谁说不出来，就不许吃。"

老李说："这个我拿手，我先说吧。"

富贵说："那你先说。"

老李说："虽有皱纹不沧桑。"

富贵说："形容包子的外表，也不错，那我接一句'万千美味腹中藏。'"

老李说："老板就是有学问，比我说的好多了。"

小明摇了摇头说："那我也勉强说句吧，'若能吃上七八个'。"

富贵说："也行，形容吃包子的急切心情。"

老李咬了一口包子说："真香！"

小明也赶紧拿起包子吃了起来。

富贵边吃边说："这次修改规章制度，千万别出现上次桂花这样的问题了。"

老李吃了口炒菜，说："桂花的问题确实给我们提了个醒，在规章制度中也要保护员工的人格权。"

富贵说："我在网上看到员工完不成任务狂扇自己耳光，还有一帮人围观叫好呢。"

小明很快吃完一个包子，抬头说："员工完不成生产任务就对员工进行体罚，禁止员工之间谈恋爱，夫妻不能同在厂里工作，把员工的考核结果公布在网上，这些都是违法的行为，侵犯员工的人格权不说，还会导致企业的名声受损。"

老李夹给了小明一个肉包子，然后悄悄对俩人说："说到禁止员工之间谈恋爱，我发现一个秘密，你们想听吗？"

富贵说："我最爱听秘密了。"

小明说："老李就别卖关子了，我们都想听。"

老李说："前几天周末，我出去买油条，看见二毛和小芳在外面手拉着手逛街，我才知道，他们在谈恋爱呢。"

富贵说："哦，这样啊，我说二毛怎么帮着小芳擦桌子呢！"

小明说："单身男女在一起谈恋爱，也正常嘛！"

老李说："当时我还想像佐罗一样，跳下自行车，义正词严地找他们谈话呢，告诉他们已经违反了厂里规定。其中一个必须离开富贵砖厂。"

小明笑了，对老李说："违法的事儿让你说得义正词严，佩服啊！"

富贵说："棒打鸳鸯的事儿千万不能做，都说宁拆十座庙，不毁一门婚嘛。再说，小芳蒸的包子确实好吃，把她辞了就吃不到这么好吃的包子了。"

小明说："今天的包子应该也是小芳蒸的。"

富贵说："小明来解释下，关于人格权，咱们都需要具体注意哪些呢？"

·劳动者人格权保护·

生命权、健康权、名誉权、姓名权、隐私权、肖像权属于人格权范畴，企业在劳动合同、日常管理和规章制度的制定等方面要注意保护劳动者的人格权。

老李说："那咱们厂的车间、食堂都安装了摄像头，目的是对员工的日常工作进行监督，这算侵犯员工的隐私权吗？"

小明说："这不属于侵犯员工隐私权，因为车间、食堂都属于公共领域，但是员工宿舍可不能安装。"

富贵说："还有，下次女员工进厂，就不要询问婚姻状况了。"

老李说："咱们厂女员工需求不多，毕竟都是搬砖的体力活。不过一定注意。"

小明笑了笑，说："起步过程也是逐渐规范的过程，慢慢来，相信老板一定会带领我们厂冲出亚洲的。"

老李笑着说："小明啊，你拍马屁的水平比我强多啦！"

富贵对小明说："还剩最后一个包子，给你了。"

三

富贵砖厂门前，很多黑摩的在"趴活"。

厂里员工愿意坐黑摩的，因为便宜。从厂里出来，坐上黑摩的，到县城才三四块钱。老李让保安老赵驱赶这些黑摩的，可前脚刚撵走，后脚他们又回来了，搞的老赵也是一脸痛苦。

为了从根源上解决问题，老李连夜出台一个制度，告知厂里员工，发现乘坐一次黑摩的，就扣发当月奖金，乘坐三次以上，厂里给予开除处理。

规定刚出来第二天，二毛这个倒霉蛋就撞在枪口上。他要去县城接小芳的哥哥大全，也是他未来的大舅哥。他和大全刚从黑摩的上下来就被保安老赵抓住了。老赵是一个六亲不认的家伙，无论二毛怎么哀求也不行，他把二毛乘坐黑摩的的事儿告诉了老李。

为了杀一儆百，老李在厂里宣布，扣发二毛当月奖金。

二毛很郁闷，就找到小芳诉苦。

二毛说："妹妹啊，我为了接我这个未来的大舅哥，却被厂里罚了一个月的奖金。"

小芳说："二毛哥，我也知道你被扣奖金的事儿了，我认为厂里做得不对。黑摩的违法营运不假，但是我们乘坐者也不违法呀。"

二毛说："我也这么觉得，我还特意找老李辩论呢。"

小芳问："那老李怎么说呢？"

二毛说："老李说，黑摩的违法营运，作为正义的员工，要赶紧向厂里举报。不举报的话，可能就会触犯'知情不报罪'。不举报还敢乘坐，那就是'明知故犯罪'。"

小芳说："我们图方便坐个车，怎么还变成犯罪了。不行，我去找他。"

老李正在办公室琢磨规章制度的条款，小芳敲门进来。

小芳说："李经理啊，我想给您讲个故事。"

老李说："好啊，我最喜欢听故事了。"

于是，小芳讲了下面的故事：

张三喜欢吃大萝卜，他一大早就去菜市场买萝卜。他在李四的菜摊上挑选了一个大萝卜，付完钱就离开了菜市场。在路上，张三骑车和王五发生了剐蹭，俩人还吵了起来，张三一怒之下就用大萝卜把王五打进了医院，王五出院后起诉了张三。因为菜贩李四卖给了张三大萝卜，于是王五请求法院判决李四承担连带责任。

小芳问老李："您觉得这个菜贩李四冤不冤呢？"

老李说："当然冤啊，这个李四和我还是一家子，那就更冤了。王五挨打，跟李四有什么关系呢？"

小芳问老李："如果法官判李四承担连带责任呢？"

老李说："那就比窦娥都冤了，李四招谁惹谁了！"

小芳说："李经理，一看您就是个明白人。"

接着，小芳讲了第二个故事：

李四刚下火车，就被开出租车的张三拦住，张三热情地问他去哪里。李四说要去赶一个会议，张三说："我送你吧，价钱非常公道。"于是李四坐上张三的出租车，半路上被执法人员截住了。执法人员把张三给处罚了，原因就是张三的出租车用的是假牌照，同时，李四也要接受处罚，因为他坐了张三的非法营运出租车。

小芳说："您觉得这回李四冤不冤呢？"

老李想了想，觉得有些不对劲儿，于是对小芳说："匹夫无罪，怀璧其罪，这也是不对的。不过，我觉得你讲这两个故事是有目的的啊。"

小芳说："李经理，我想问的是，二毛的情况跟李四一样，坐了非法营运的黑车，执法人员处罚李四不对，怎么扣发二毛奖金就正确了呢？"

老李被问得有些哑口无言了。于是辩解道："情况不一样，我们厂里上下班有宿舍，偶尔出个门，有正规的出租车可以选择嘛，这些黑摩的违法营运不说，也不安全啊，万一出了问题，厂里还要负责你们的工伤，这也是为了你们的安全考虑。"

小芳说："我们作为员工，工作时间把工作做好是本分，但在下班时间，厂里没权力干涉我们的出行方式吧。再说，我们坐车也不违法呀。"

老李说："黑摩的容易出事儿，为了你们的安全考虑，也是厂里的责任。"

小芳说："抛开厂里处罚二毛这事儿不说，咱们再说下规定的问题吧。不让员工坐黑摩的规定也属于规章制度吧，它既没有通过民主评议，也没有进行合理性论证，更没有合法公示，直接就拿出来适用，还扣发奖金，您说有道理吗？"

小芳说到民主评议，老李冒出一身冷汗，他也意识到这确实是不合法的，至少程序不合法。

小芳说："还有呢，根据法律规定，企业好像没有罚款权吧？"

老李说："小芳啊，你消消气，先回去，我跟领导汇报下，再研究下这事儿怎么处理，好不好？"

"老油条"的精明之处在于见风使舵，不吃眼前亏。

正好小明去外地出差几天刚回来，老李跟小明说了事情的前因后果。

小明说："唉，老李啊，出台这规定前怎么没找我商量下呢？"

"无巧不成书，这不正好赶上你出差，我的规定就连夜出了，二毛也正好撞枪口上了嘛。"

"禁止员工乘坐黑摩的的规定确实不合法，总结一下，我们犯了三个错误：任何涉及员工的管理规定都要符合民主程序，我们没做到，这是其一；作为企业，没有罚款权，这是其二；规章制度限制员工在工作时间以外的行为，已经超出了合理性范畴，这是其三。"

老李挠了挠不多的头发，说："听你说完，我怎么头发都竖起来了呢？"

小明说："惊出一身汗，毛发冲霄汉。这是正常的生理反应，不要担心。您应该马上做的是把这个规定作废。"

老李辩解说："一个规定刚出台就夭折，感觉不大好吧！"

小明说："知错能改，善莫大焉。"

俩人去找富贵把这事儿做了汇报，富贵说："既然错了，那就通知财务，不要扣发二毛奖金了，免得引起劳动争议。还有，老李满厂贴告示，我的字这么漂亮，你怎么不找我写呢？"

四

富贵砖厂会议室里，老李向富贵和小明展示自己的规章制度条款，富贵和小明看了后，觉得不错。

富贵说："老李啊，你还是把规章制度的制定和实施步骤说下吧，让小明也提提意见。"

老李说："我觉得呢，如果一套规章制度能得到法律的认可，必须经过以下几个步骤。"

· 劳动规章制度的制定程序 ·

1. 制定规章制度的范围及条款。

2. 通过民主程序让员工参与规章制度的条款审议。

3. 讨论通过后，经工会盖章或员工签字同意。

4. 组织学习，并公示发布。

5. 关于规章制度的程序性材料归档保存。

6. 新员工入职后组织学习规章制度，并制作培训记录。

小明说："这个很细致，很好。"

富贵提出一个疑问说："我们富贵砖厂没有工会怎么办？"

小明说："没有工会的话，把其他步骤做好就行，不影响它的合法性。"

富贵说："我总结下，规章制度一定要做到内容合法和程序合法，对吗？"

小明说："老板真是越来越专业了啊。"

· 企业制定规章制度应注意的事项 ·

《劳动合同法》第4条规定，用人单位应当依法建立和完善劳动规章制度，保障劳动者享有劳动权利、履行劳动义务。用人单位在制定、修改或者决定有关劳动报酬、工作时间、休息休假、劳动安全卫生、保险福利、职工培训、劳动纪律以及劳动定额管理等直接涉及劳动者切身利益的规章制度或者重大事项时，应当经职工代表大会或者全体职工讨论，提出方案和意见，与工会或者职工代表平等协商确定。在规章制度和重大事项决定实施过程中，工会或者职工认为不适当的，有权向用人单位提出，通过协商予以修改完善。用人单位应当将直接涉及劳动者切身利益的规章制度和重大事项决定公示，或者告知劳动者。

从以上条款可以看出，企业制定规章制度要符合"合法、协商、民主、公示"四个原则。

老李说："我还制作了《规章制度讨论建议表》《规章制度民主评议表》《规章制度民主通过记录表》。"

富贵说："老李也是越来越专业了，不过这些要确保员工签字才行。"

老李说："老板才是真的厉害，看问题一针见血。"

小明说："还有我呢，也夸夸我吧！"

老李说："小明教会了我们很多劳动法知识，真的是非常专业。"

富贵哈哈大笑，说道："总之呢，我们都很棒！"

老李说："晚上我请客吧，请老板和小明去我家吃饭。我老婆最近研制出一个非常好吃的熟食——销魂夺命鸭掌，你们一定要去尝尝！"

富贵和小明惊恐地摇头。

老李笑着说："不要怕，就是形容它好吃而已，就这么定了，晚上下班让我小舅子开车来接我们，不是三轮车。"

五

老李又遇到一个头疼的事情。

车间员工马力找到了老李，说买房贷款需要开具工资证明，而这个证明的工资金额远远大于他的实际工资金额。

老李拿不准应该不应该给他开这个证明，就把这事儿向富贵做了汇报。

富贵说："朋友有难，拔刀相助，员工需要，就开了吧！"

老李说："我怎么觉得开了证明心里不踏实呢？"

富贵说："这也是厂里的老员工了，路遥知马力嘛，没事儿的。"

老李还是觉得不够踏实，就跟富贵说："要不，让小明来吧，听听他的意见。"

不一会儿，小明跟着老李一路小跑进来。

小明刚进门就开始表态："我的意见是，不能开这个证明。"

"什么原因呢？"富贵露出诧异的表情。

小明说："开具虚假证明还是有很多隐患的。"

· 开具虚假收入证明的隐患 ·

1. 对企业来说，为员工开具虚假收入证明违反诚信原则，如果因此侵害第三方利益，可能会承担侵权责任。

2. 有可能成为劳动纠纷的隐患。

3. 如果银行查实企业开具虚假收入证明的行为，会将企业列入"黑名单"，并会对其贷款、授信等行为会产生不良影响。

老李说："听小明这么解释，我觉得太可怕了，我要是给马力开了这个证明，万一发生了劳动纠纷，马力就可以举证，厂里少给他发了工资啊！"

富贵说："没错，信任是一把'双刃剑'，用不好就会伤了自己。"

六

快下班了，富贵又把老李和小明叫到了自己办公室。

"来，规章制度的事儿，还得继续。"富贵指着沙发让老李和小明坐下。

老李说："老板，咱们一聊就要挺长时间，这算加班吗？"

富贵说："你可是说了加班从不要加班费的。"

小明说："我没啥意见，但是太晚了得管饭。"

富贵拍拍胸脯说："这个没问题，我已经让食堂给炒了几个好菜，等沟通完，咱们去食堂就是了。"

小明问："食堂单独给您炒菜，这就有违反规章制度的嫌疑呀！"

富贵笑着说："情义无价嘛。"

老李说："好吧，咱们说正事儿，我想让小明说下员工违反规章制度的问题。"

小明说："这跟我想到一块了，我昨晚睡不着，还梳理了一些关于劳动者严重违反规章制度而被企业辞退的案例呢！"

"睡觉还想着工作，真是个好同志！"富贵有些感动，擦了擦自己的眼睛。

小明说："我也是为砖厂冲出亚洲的梦想出一份力嘛！"

"这马屁拍的，有水平。"老李调侃道。

富贵说："赶紧说正事儿。"

小明说："我们说下员工违反规章制度的几个条件吧。"

老李说："哪几个条件呢？"

小明说："首先说下主观条件。劳动者要有违反规章制度的故意。也就是说员工明知自己的行为违反了规章制度，也意识到行为的严重后果，却放任这种结果的发生。"

富贵肯定地说："咱们厂里可没有这样的员工。"

老李说："看来，老板还是信任群众的。"

小明说："这样，我来举个例子，你们分析下。"

大强子在富贵酒店任迎宾经理。酒店规定，上班不许穿背心短裤和拖鞋，否则属于严重违反规章制度的行为。一天，大强子穿着背心短裤和拖鞋在大堂迎宾，被老板富贵看到，富贵对大强子说："赶紧换衣服。"大强子不理，还把拖鞋拿到鼻子前闻了闻。于是，酒店把大强子开除了。

老李说："大强子主动挑衅老板，是可忍孰不可忍，应该给他辞了。不过，有没有可能因为酒店拖欠工资，让大强子伤心呢？"

小明说："欠薪可以通过合法的途径解决，比如申请劳动仲裁，去劳动监察部门投诉，但不能违反规章制度啊。"

富贵说："作出如此挑衅的行为，不能宽恕。"

小明说："再说下第二个条件，就是岗位环境。这个要从工作岗位、行业特点、行为地点等多方面因素进行考量，比如说在加油站上班，工作时间抽烟，这绝对是严重违反规章制度的行为。"

富贵说："我还是喜欢听你举例说明。"

小明说："行，请听下面的例子。"

例1：大强子是一家油漆厂的主管。工厂规定，在工作场所严禁抽烟，发现者立即辞退。大强子因为失恋，就在油漆仓库里寂寞地点燃了一支香烟，被巡视的领导发现，给予开除处理。

例2：大强子是一家旅行社的导游，他的工作就是带领游客穿行沙漠。旅行社在规章制度中规定，工作期间不允许抽烟。一天，大强子带领游客在荒无人烟的沙漠里穿行，走着走着，大强子感觉有点儿累，他抬头看看蓝天，低头看看沙漠，又想想广阔的大海，就点燃了一支香烟。没想到，大强子被游客举报了，旅行社依据规章制度把大强子给辞退了。

小明问："你们怎么看待这两种行为呢？"

富贵说："第一个例子中的大强子简直是不作死就不会死。在油漆仓库抽烟，他作为主管，应该能意识到这种行为的严重后果，给他辞了并不为过。"

老李说："老板说得对，这么漠视安全的行为就应该辞退。"

富贵说："第二个例子中的大强子比窦娥还冤，沙漠里抽烟并不能引起任何严重的后果，可以看出，旅行社的规章制度根本不合理。"

老李说："我赞成老板的观点。不过，第二个例子有种可能，游客看到大强子抽烟，自己也犯了烟瘾，跟他要一支香烟却被拒绝。然后，游客向旅行社投诉大强子不给烟抽，旅行社就以大强子服务存在严重瑕疵为由把他辞退了。"

富贵说："老李的假设不可能，烟酒不分家嘛，别人犯烟瘾，大强子不可能坐视不理的。"

小明说："你们分析第一个案例的结论，我完全赞成；但对第二个案例还是有一点儿不同的意见，旅行社出于服务和安全考虑，规定导游带队时不准吸烟，这是没问题的。但规章制度的执行还是要有一定的灵活性和变通性，休息时、沙漠里，这些都是变通的理由。所以说旅行社把大强子辞退不合法。"

富贵说："我们的结论都是一样的。"

小明接着说："总结一下，也就是说岗位环境也是判定是否属于严重违反规章制度的行为的一个重要因素。"

老李说："那第三个条件呢？"

小明说："客观结果，也就是造成了企业的实际损失。包括物质损失和非物质损失。"

富贵说："这个就不用举例了，我懂。"

老李说："小明啊，我来帮你总结下你说的几点吧！"

· 劳动者违反规章制度的条件 ·

1. 主观上有违反规章制度的故意，如故意旷工、在工作期间做和工作无关的事。或虽无主观上的故意，但因重大过失给企业造成严重后果，如因疏忽给企业造成重大财产损失。

2. 有违反规章制度的岗位环境。

3. 客观上造成了违反规章制度的严重后果，如给公司的管理带来严重的负面影响、给公司财产造成严重损失、给公司的声誉带来严重影响。

富贵说："不错，这就像一把尺子，以后员工是否违反规章制度可以以此对照一下。"

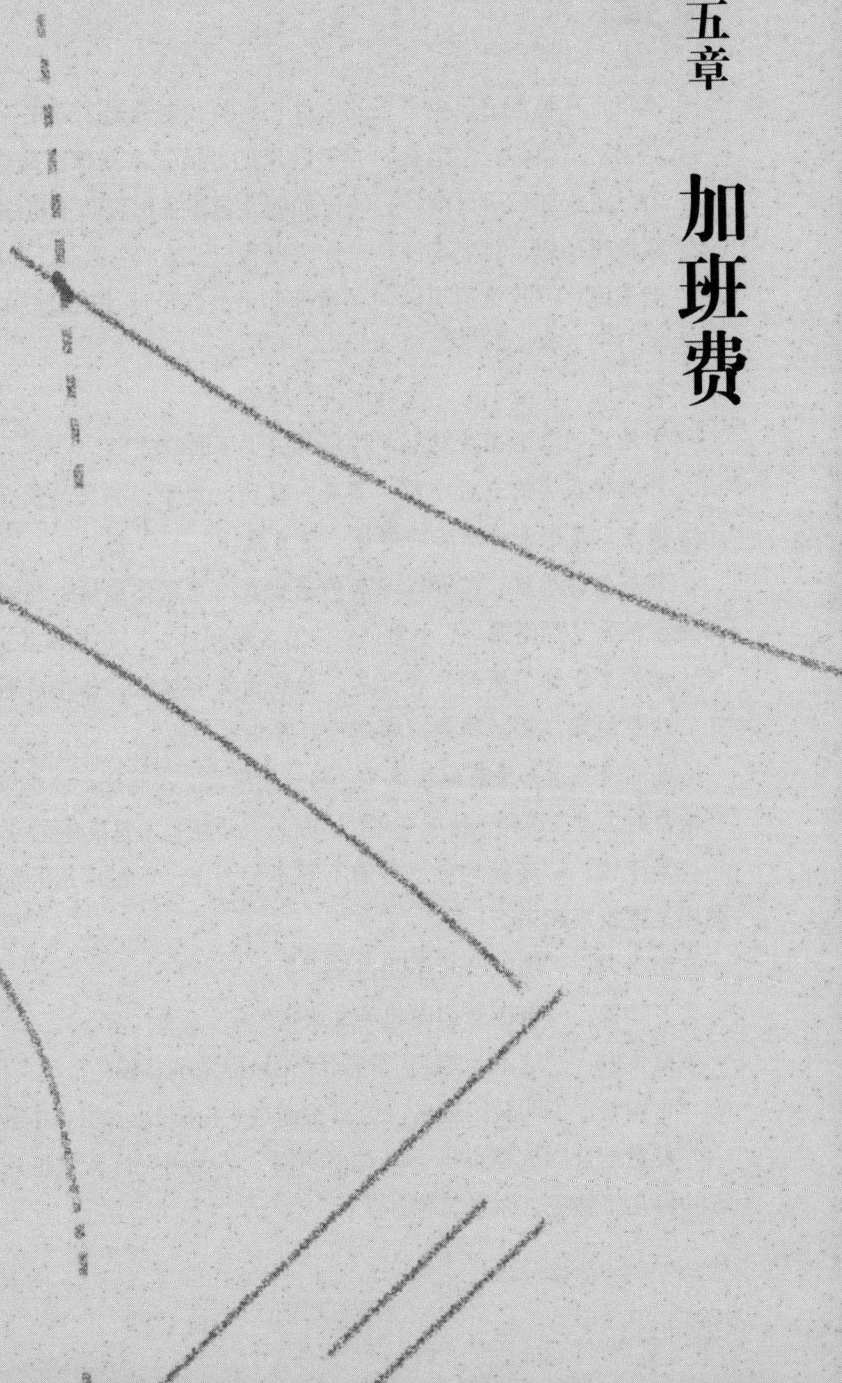

第五章　加班费

一

富贵正在整理自己桌子上的文件和材料，老李走了进来。

老李对富贵说："老板，富豪砖厂的老板张富豪想邀请您去参加一个'企业加班研讨会'，研讨如何让员工多加班而不违法。"

富贵想了想，对老李说："你觉得我应该去吗？"

老李说："我觉得可以，了解他们是如何设计加班制度的，咱们也学习一下嘛。"

富贵说："坐下吧，我给你讲个故事。"

于是，老李坐在沙发上，听富贵讲了下面的故事：

开弹棉花店的老板小雅，漂亮、聪明、能干，邻居给她介绍了个男朋友，是个开煤球店的老板，很有钱。

邻居告诉小雅："开煤球店的老板真心想跟你结婚，还对你们婚后生活做了规划呢。"小雅问："怎么规划的？"邻居回答："他说，结婚后，你们搬到一起开店，他在前面卖煤球，你在后面弹棉花。这样的话，婚姻和美，客户可以互相利用。"

小雅听完后，果断地拒绝了。邻居问原因。小雅说："我努力保持洁白的东西，遇到了他就变黑了，所以我不能也不想跟他在一起。"

老李说："老板的意思是道不同不相为谋。不过厂里的加班问题还是要重视起来呀！"

富贵说："那就 call 小明过来。"

老李说："老板怎么说起英文来啦？"

富贵说："这不为咱们厂的国际化目标做准备嘛！"

正说着，小明敲门进来，给富贵递过一份刚改过的订货合同。

富贵把合同放在桌子上，对小明说："小明啊，老李正为了加班的事儿犯愁呢，你来想想办法。"

小明说："老李最近老叹气，原来是为了加班啊！"

老李说："最近好多工人抱怨加班，老刘还反映车间工人闹情绪的可不少啊！"

小明说："老刘是否有强迫加班的行为呢？"

老李回答："那倒没有。老刘只是喜欢找不爱加班的员工谈心，谈到他喜欢加班为止。"

富贵说："看来老刘还是懂兵法嘛，这叫攻心为上、攻城为下。"

小明说："加班要征得劳动者同意，千万不能强迫。"

老李说："订单多，加班多，世事两难全嘛！"

富贵说："大家的辛苦我已铭记在心。等忙完这段时间，厂里要给全厂员工都发奖金。"

老李说："感谢老板体恤员工！"

小明笑着说："看来，老板的胡萝卜不是说着玩的，要真的兑现了。"

富贵说："当然不是说着玩，我正在酝酿更大的胡萝卜呢！"

小明说："对于加班来说，程序性的工作还是要做好，否则员工一旦申请了劳动仲裁，可不是闹着玩的。"

老李说："如果拟一份《自愿加班协议》，让员工在上面签字怎么样？"

小明说："这样做风险还是不小的。"

"这还有风险吗？"老李很不解。

小明喝了一口水，不慌不忙地说："你听说过一个知名的大公司和员工签的《奋斗者协议》吗？就是在协议中约定，员工自愿放弃年休假、节假日，自愿加班，虽然报酬丰厚，但本质上还是违法的。因为劳动者的节假日和年休假都是法定的，即使劳动者自愿加班，也要保证足够的休息时间才行。"

富贵说："老李和员工签的《自愿加班协议》和那个《奋斗者

协议》有异曲同工之妙啊。"

老李说："我以为签了协议就没问题了呢，看来还是对劳动法研究不够。"

小明问老李："咱们在法定休假日加班的情况多吗？"

老李说："考虑到工人成本问题，一般法定节假日是不会安排员工加班的。"

小明问："咱们装卸工人实行加班工资了吗？"

老李说："这个还真没有，他们是计件工资，多劳多得嘛。"

小明说："计价工资一样有加班费的。"

· 计件工资计算加班 ·

《劳动法》第44条规定，实行计件工作制的，企业安排劳动者在工作时间以外工作的，要按照计件单价的150%支付工资；休息日要按照计件单价的200%支付工资；节假日要按照计件单价的300%支付工资。

老李说："这个并不是我主动违法，而是真的不懂法。"

富贵说："虽说不知者不怪，还是要抓紧改过来呀！"

老李说："还好，我们的计件工资主要在装卸队。今年，装卸的任务很多都承包给劳务公司了，这个影响倒是不大。"

富贵说："那就好，给我吓一跳。"

小明问老李："还有一个很重要的问题，员工的加班时长是多少，您统计了没有？"

老李说："一般都是每天两个多小时，有时候能达到每天四五个小时。"

小明说："那还是有风险的。"

《劳动法》第 41 条规定，用人单位由于生产经营需要，经与工会和劳动者协商后可以延长工作时间，一般每日不得超过 1 小时；因特殊原因需要延长工作时间的，在保障劳动者身体健康的条件下延长工作时间每日不得超过 3 小时，但是每月不得超过 36 小时。

老李问："有什么办法来规避风险呢？"

小明说："第一个办法，厂里招聘一些临时工来做一些应急性的工作，这样工作时间就可以控制在法定时间以内。"

老李说："最近是春耕季节，临时工不好雇，再说有些岗位的技术性比较强，临时工也干不了。"

富贵说："看来，技术性强的工作以后要轮岗了，防止技术人员一旦有事儿，没人能顶上。另外，给临时工的工资可以提高一点儿，这样就不怕没人了。"

老李说："还是老板有魄力，我这就去招人。"

小明说："第二个办法，咱们实行加班审批制，让员工自愿申请，申请加班或者调休，这个比协议形式要好。"

富贵说："加班审批制，这是个好主意，也就是说员工非要加班，拦都拦不住。"

小明说："老板啊，即使员工申请加班，也只限于在合法的加班时间内，对于超过法定加班时间的部分，还是存在违法的事实，万一劳动监察部门查下来，也要对厂里进行处罚的。"

老李说："那我还是想办法招聘一些临时工进厂吧。前几天，小芳的哥哥大全还找我，他打算在厂里找个临时工的工作，我去通知他。"

富贵说："还有，让派遣公司给提供些派遣工人来吧。"

老李说："我怎么没想到呢，还是老板深谋远虑啊。"

二

门卫老李来找老李了。

富贵砖厂的门卫也姓李，大家开始也叫他老李，因为怕此老李和彼老李混淆，所以大家叫他门卫老李。

门卫老李敲开老李办公室的门，手里还拿着一只鼻烟壶。

老李站起来说："您不是刚值完班吗？怎么不回家休息去呢？"

门卫老李说："我就是这样一个人，对工作比谁都认真，这次找你来，也是和工作相关啊。"

老李说："那您坐下说吧。"

门卫老李坐在了老李面前的椅子上。对老李说："老李啊，我的工作你应该看得到，兢兢业业、任劳任怨，起早贪黑从不说苦。最重要的是，我拒腐蚀永不沾，没出入证进厂的一概拒绝，给我塞包烟，我从没要过。"

"是啊，要不怎么把您放在这么重要的岗位上呢。"

"当然，看守大门就相当于古代把守要塞一样，你看古代的名将李牧、李广，都是在把守国家的大门。"门卫老李显得很自豪。

"还真是这么回事儿啊。"老李有些敷衍。

"我考证过，飞将军李广还是我的祖先呢！我也有射箭的天赋，小时候用弹弓打麻雀，非常精准。对了，老李你的祖先是哪位贤达或名将呢？"

"我爷爷从来没说过祖先是谁，我爷爷的爷爷也从没跟我爷爷说过祖先是谁，估计只是籍籍无名之辈吧。"

门卫老李拍了拍老李的肩膀，安慰他说："别失落，咱们毕竟都是老李家人，以后你可以说跟我是一个祖先。"

"您说找我什么事儿吧。"老李有些忍不住了。

门卫老李说："你看我每天在门卫的工作时间太长了，从下午5点开始上班，一直到第二天上午7点，每周才休息一天。可厂里从来没给过我加班费。我想让你给我算下，我从进厂开始到现在，我加班时长一共有多少啦？"

老李惊讶地说："您在门卫值班，咱们都签了劳动合同，并且在劳动合同中都已经约定好了工作时间的呀。"

门卫老李不慌不忙地吹了一下手中的鼻烟壶。对老李说："劳动合同上确实有约定，但是厂里的违法超时用工也是事实。并且，我已经算好厂里应该支付我多少加班费了。"

老李问："那你算出来的加班费是多少呢？"

门卫老李不慌不忙地从裤兜里掏出一张纸，老李伸头一看，上面密密麻麻地写着字，还有数学算式。

门卫老李往手指上吐了一口唾沫，把纸摊开，对老李说："法律规定，劳动者工作时间不能超过每周40小时。从我的时间来看，我每周工作已经达到了84小时了。我每月工资2000元，按照1.5倍工资计算，那么厂里就需要每月补偿给我加班费3300元；周末加班要按照200%支付加班费，那我就应该每月得到周末加班差额410元；国家法定节假日加班费应该按照工资300%计算，那我就应该得到每年1500元的节假日加班费差额。我算了下，我来公司3年整，公司一共应该支付给我加班费138060元。为了表示我的诚意，零头就不要了。"

老李说："你的意思是厂里给您13万元就行吗？"

门卫老李微微一笑，然后坚定地说："不对，是138000元。

怎么样，我要的不多吧？"

老李苦笑着说："不多不多，真的不多。"

三

老李跟富贵汇报了门卫老李的加班费要求。

富贵气得站了起来，大声说道："真是知人知面不知心，当初招聘他进厂的时候，他还痛哭流涕地跟我说，他是下岗职工，上有老下有小的。我看他挺可怜的，才把他招进来，没想到他居然要加班费。"

老李对富贵说："老板，怎么爱哭的人都被您给招进来了，像我一样不要加班费的人可不多啊。"

富贵说："老李，你的兢兢业业我都看在眼里，放心，我不会亏待你的。"

老李说："这个门卫老李，他上班也不耽误睡觉，我回家晚的时候，都能听见他在门卫室打呼噜呢。但按照他的工作时长来说，确实超过了法律规定的工作时间，所以我有些拿不准啊！"

富贵说："他在厂里工作这么久才提出这事儿，难道有预谋吗？我细思极恐啊。"

老李说："预谋说不好，不厚道是真的。"

富贵说："你赶紧把小明叫来吧，咱们商量个对策。"

于是，老李把小明叫到富贵办公室，并跟小明说了下门卫老李的加班费要求。

小明说："原来是这事儿，不用担心。"

富贵说："小明啊，看你轻描淡写的样子，我先把胸中的砖头落地，那你就说说看吧。"

小明说："我先解释下什么是值班吧。"

·哪种情形属于值班·

企业安排劳动者工作，并在工作地点提供休息设施，供其在工作时间之外休息，属于值班，包括两种情形：一种是像门卫岗位，虽然上班，但可以在上班时间休息；另一种是和本职工作无关，但为处理突发事件或者紧急情况而需要值守的工作。

"值班是不需要支付加班费的。"小明补充了一句。

老李高兴地说："听小明解释完，我也是一块砖头落地了。"

小明笑着说："你们看，门卫老李每天在岗时长达 14 小时，但他属于夜班，晚上休息时间也应该有 8 小时，有时候夜间需要起来开门，但不会占用太多时间。如果按照他每天工作 6 小时计算，每周工作 6 天，那么每周工作时长为 36 小时，加上半夜起来开门巡视时间，工作时间并不超时。所以，厂里可以拒绝他的加班费要求。"

老李说："像这种关于值班不需要支付加班费的法律规定有吗？"

小明说："还是有的。"

·值班是否需要支付加班费·

企业因安全、消防、节假日，或者为应付灾情事件等需要，安排劳动者从事与本职工作无关的值班任务，或者安排劳动者从事与本职工作相关的值班任务，但可以保证劳动者休息时间的，企业不需要支付加班费。有关这方面的规定，可参考北京市高级人民法院、北京市劳动争议仲裁委员会《关于劳动争议案件法律适用问题研讨会会议纪要》。

富贵说："太好了，老李去通知门卫老李吧，告诉他加班费坚决不给，不干就辞职。"

老李说："这门卫老李狮子大张口，真是太气人。我这就告诉他，他的工作性质为值班，厂里不需要支付他加班费。还有，我不相信他的祖先是飞将军李广。"

四

富贵砖厂早会后，富贵、老李和小明又凑到了一起。

老李得意地对俩人说："今早我看到了门卫老李，我还问他，要不要加班费了？他羞愧得把头都低下了。"

富贵笑着说："看，这就是懂法的好处。"

老李说："可不嘛，以后要多跟小明请教劳动法啊！"

富贵说："关于加班审批制的事情，老李去抓紧落实吧！"

老李说："这个我有些顾虑，担心加班让员工申请，这些员工会有意见啊。"

小明说："都会有哪些意见呢？"

老李说："你看啊，每当出现生产设备坏了需要抢修的情况，车间就直接决定了，之后给厂里直接报加班。如果实行审批制，那就会耽误工作的。"

小明说："这个好办，咱们可以区分情况：一般情况审批后加班，紧急情况先加班后补审批手续。这样的好处在于我们能掌握员工的加班情况，万一发生了加班费的劳动纠纷，我们是有一定的主动权的。"

富贵说："小明的办法可行，避免员工跟我们秋后算账，到时我们连证据都拿不出来。"

老李说："对啊，加班审批记录本身就是证据，这个我怎么没想到呢？"

富贵说："如果发生加班纠纷，都需要企业来举证吗？"

小明说："这个倒不是。"

·加班举证责任分配·

最高人民法院《关于审理劳动争议案件适用法律问题的解释（一）》第42条规定，劳动者主张加班费的，应当就加班事实的存在承担举证责任。但劳动者有证据证明用人单位掌握加班事实存在的证据，用人单位不提供的，由用人单位承担不利后果。

老李说："那还不错，免得员工申请加班费的劳动仲裁，我就得准备一大堆材料。"

富贵说："看来加班审批制还是很有必要实行啊！"

老李说："老板说得对，我们让员工在加班前填写《加班审批表》，并由主管和我来签字，这样就有一个完整的加班审批流程了；紧急加班情况下，事后审批，但手续一样不能少。"

小明说："非常好的做法，这要给您点赞了。"

富贵说："确实不错，这样一旦发生纠纷，员工就需要证明是否加班的事实，否则就会承担证据不足的后果呀。"

小明说："老板也是越来越专业了，我得为老板点赞！"

老李说："给老板点赞怎么能少了我呢！"

五

　　加班审批制度在富贵砖厂开始实行了，老李和车间老刘也开始忙了起来。他们俩找员工谈心。谈加班审批制的优势，谈厂里对员工的关心，谈老板富贵冲出亚洲的梦想。

　　老李跟富贵和小明说了关于实行加班审批制，自己不断说服员工的精彩瞬间，老李说："最多的时候有十几个员工一起跟我辩论，他们都对加班审批制持反对态度，但都被我给说服了。"

　　老李的神采和表情宛如舌战群儒的诸葛亮在世，让富贵和小明瞬间看呆，觉得老李风范十足。

　　富贵问老李："加班的法律风险问题都解决了吗？"

　　老李愣了下神，回答说："还有加班费的计算方式，这个需要商议一下。"

　　小明说："你说的应该是加班费基数计算，对吗？"

　　老李说："我在想，如果按照最低工资作为加班工资的基数，就可以给厂里节约些成本，这样做算不算违法呢？"

　　小明说："我先来举个小例子。"

　　二毛应聘到富贵砖厂当搬砖工，签了劳动合同，月薪3000元。二毛又跟厂里签了加班协议，约定了加班费基数按照当地最低工资标准2000元来计算。在次月发工资时，二毛发现加班费没按3000元的标准来计算，就找到了老李。老李说："咱们白纸黑字都写好了，怎么还想反悔呢，何况我们是纸面约定。"二毛说："我就是一个农民，在你的诱导之下才签的加班协议，这个不算数。"老李生气地说："你说的不算，我说的才算。"

　　老李说："这个例子可诋毁我形象了啊，我解决问题都是动之以情晓之以理的，不把他说服誓不罢休。"

小明问："你们说二毛如果为加班费申请劳动仲裁，他的请求能得到仲裁支持吗？"

老李说："我认为，既然签了协议，那就应该遵守协议，劳动仲裁庭不应该支持二毛的申请。"

富贵说："契约精神总是要有的嘛，我赞成老李的说法。"

小明说："按照最低工资作为加班工资的基数，这种情况不能属于违法，像老李说的，对于加班工资基数如何计算，法律上确实没有明确的规定。但别忘了，在这个例子中，厂里跟二毛做了两个约定。"

富贵问："不是只有一个加班协议吗？怎么是两个约定呢？"

小明笑着说："除了加班协议外，别忘了劳动合同中的工资标准啊。"

老李露出恍然大悟的样子。

小明接着说道："我在北京打过这样的劳动仲裁官司，最后输了，原因就是跟员工签了一个协议，按照最低工资计算加班工资，但是劳动合同的工资要远高于这个数。"

老李说："那我明白了，咱们还是按照劳动合同中约定的工资来作为加班工资基数吧，万一发生法律纠纷，我们的依据也能站得住脚啊。"

小明说："没错，企业出台一个规定很容易，但是如果规定得不到法律的支持，就像空中楼阁一样。"

富贵说："还有个事儿，我正考虑招聘销售专员，他们的工资肯定包括基本工资和提成。在这种情况下，他们的加班工资基数怎么计算呢？"

小明说："首先，对于销售人员来说，他们的主要工作就是销售产品，要随时做好和客户沟通的准备。而且，厂里可以跟他们签《不定时工作制劳动合同》，这样就不会存在加班的情况了。"

老李说："但是，厂里也可能会安排做一些其他工作，比如制定销售方案，给新的销售人员做培训，这些都得算加班啊。"

小明说："按照您的说法，对于销售人员计算加班工资基数应该有两种算法：1.把包含提成的所有收入都考虑进去，以他的综合收入来作为加班工资基数；2.把基本工资、岗位工资等工资收入作为加班工资基数，而对于奖金、提成等不予以考虑。"

小明问老李："你觉得哪种算法更合适呢？"

老李说："我赞成第二种吧！"

富贵说："我跟老李的选择一样，第二种吧。"

小明说："可以选择第二种，但是加班前要有书面的约定。"

·销售人员如何计算加班费·

对销售人员来说，一般执行的是不定时工作制，并不涉及加班费问题。但如果因工作需要加班，企业可以与销售人员约定加班费的基数，但不能低于劳动合同约定工资。

老李说："有些企业和销售人员会签订一个承包协议，让销售人员以承包的形式来销售产品，这样的约定合法吗？"

小明说："企业和销售人员签订一个承包协议，相当于在劳动合同基础上再建立个民事契约，这是合法的。但是要保障销售人员基本的工资待遇，包括社会保险。"

富贵说："小明解释得太好了，真是所谓听君一席话胜读一年书啊。"

老李问："老板，不是胜读十年书吗？"

富贵说："因为我读书一目十行啊。"

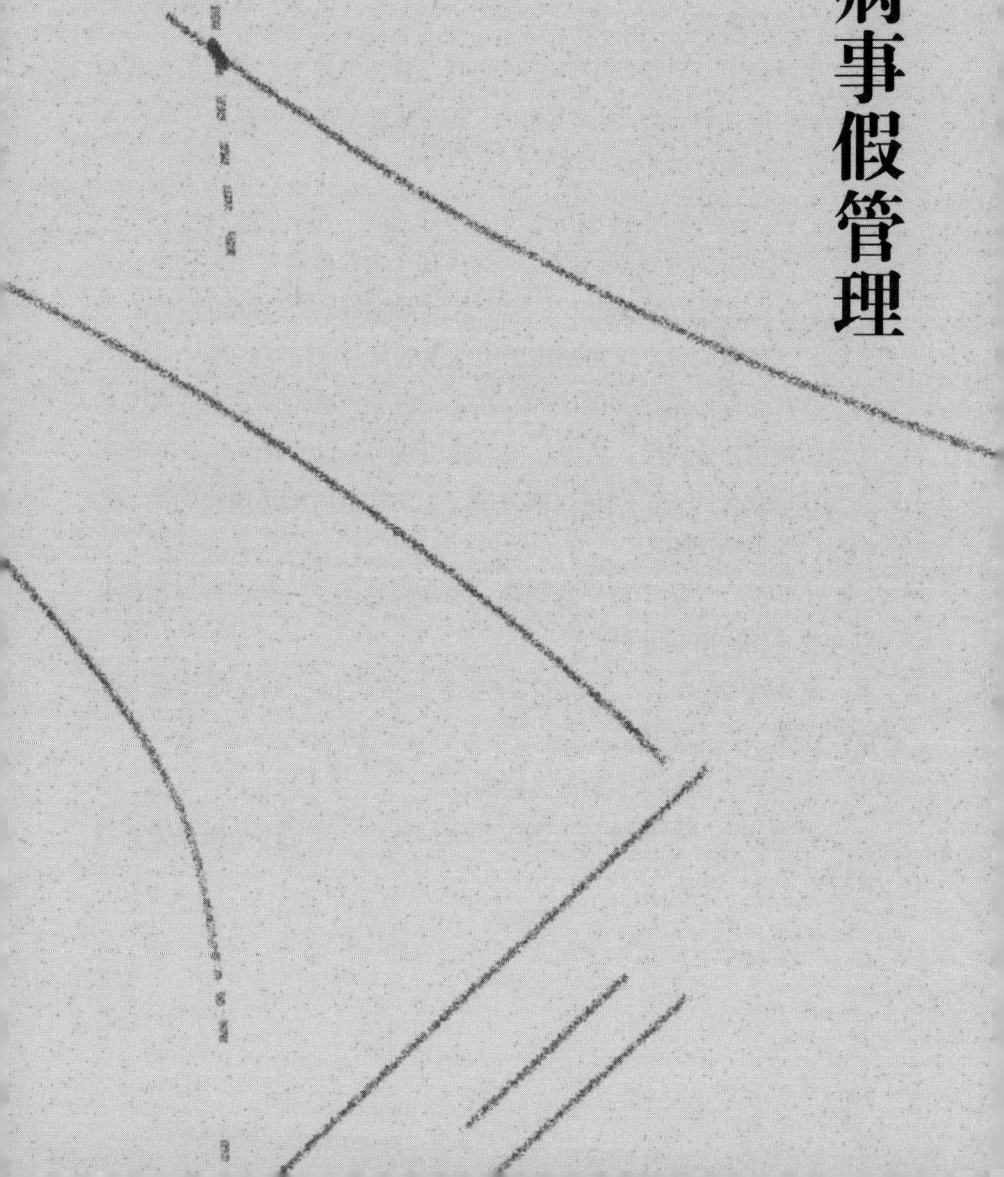

第六章 病事假管理

老李跑到了小明办公室，敲门进去。

小明站起身来说："您这个大忙人，找我有什么指示吗？"

"指示不敢，有个事儿要咨询你。"

"您别客气，坐下说。"

老李坐下，对小明说："小明啊，装卸师傅老丁最近因为胃疼请病假，而且是一个月的病假。厂里应该怎么支付工资呢？"

"他有医疗诊断证明吗？"

"医疗诊断证明是有的。"

"劳动者因请长期病假进入医疗期，企业就需要给劳动者支付工资。企业支付劳动者的工资不能少于当地最低工资标准的80%。"

"这样做的话，厂里还需要给他缴纳社会保险吗？"

"社会保险肯定要缴纳的，在劳动合同存续期间，企业有义务为员工提供社会保险。再说，员工病假期间，也需要医疗报销啊。"

"那我再问一个问题，如果像老丁这样长时间请病假的话，我们可以给他调岗吗？"

小明说："关于调岗的问题，不能轻易为之。劳动合同和规章制度要有相应条款才行。"

老李感慨地说："我们花那么长时间讨论劳动合同和规章制度，还是很有必要啊。"

小明点头说："非常有必要的！"

老李问："如果给员工调岗的话，劳动合同是不是需要重新签订呢？"

《就业促进法》第8条规定,用人单位依法享有自主用人的权利。用人单位应当依照本法以及其他法律、法规的规定,保障劳动者的合法权益。

从上述规定可以看出,企业可以安排劳动者调岗,但调岗要符合以下几个原则:

1. 出于生产、经营的必要。

2. 调整后的岗位对劳动者的薪酬、劳动条件并不存在不利变更。

3. 调岗不存在侮辱性、惩罚性。

老李问:"那如果在员工医疗期内调岗,员工过了医疗期不来上班,企业还需要给他继续缴纳社会保险、继续支付工资吗?"

小明说:"企业支付病假工资,仅限于在医疗期内,医疗期满后员工不能回企业上班,企业没有继续支付病假工资的法定义务,社会保险也是一样的。"

"那我就明白了。"老李点点头。

"不明白的尽管问,您千万别客气啊!"

老李说:"我既不客气,也很局气。这样,晚上去我家吧,让你嫂子给你做几个拿手小菜,咱们小酌几杯。"

小明说:"行啊,让嫂子做个红烧肉吧,我这几天馋肉了。"

二

车间老王最近经常性地请病假。老李发现老王在三个月内请了六次病假，每次都是同样的理由——偏头疼，但每次都有医疗诊断证明。

这不，老王又来到了老李面前，拿出医疗诊断证明，露出一副痛不欲生的表情。

老李摇了摇头，无奈地在请假申请上写上"同意"二字。

老李想，老王的病到底是真是假呢？

于是，等老王休完病假上班后，老李偷偷溜到车间。

老李看到，老王正在一边干活，一边跟工友有说有笑地聊天。老王说笑的时候，无意间扭头一看，看到了老李，大吃一惊，立刻表现出一副痛苦的表情，把老李气得扭头离去。

老李又找到小明，跟小明诉苦说："老王请假这么频繁，这应该怎么办呢？"

小明正在拟定一份合同，边在电脑上打字边对老李说："病假确实是个比较头疼的问题。员工因有医院的诊断证明来请病假，作为企业是没法拒绝的。"

老李说："小明，难道就没别的办法了吗？"

小明放下手中的活，看了看老李，对他说："我给您举个例子。"

二毛经常请病假，每次都说头疼，每次都能拿出医生开具的诊断证明，这让老李很无奈。一次，老李对二毛说："二毛啊，你的头疼我不知道真假，我可是真的头疼了。这样吧，厂里给你指定一家医院，你去那里诊断，如果诊断结果确实需要休息，那么我就批准你的病假。"

小明问："厂里可以要求二毛在指定医院看病吗？"

"应该不可以，这属于侵犯劳动者的权利啊。"

"你错了，是可以的。企业可以要求劳动者在指定医院看病就医，并在指定医院出具诊断证明。但前提是企业不能影响劳动者的就医紧急性。"小明肯定地回答道。

"这能得到法律的支持吗？"

"当然可以，企业依据用工管理权，在对病假条的真实性产生质疑的情况下，要求劳动者去指定医院就诊是没问题的。"

老李又问："如果员工得了急性阑尾炎，我们要求他去指定医院检查，这也不现实啊！"

"我刚才说了呀，指定就诊医院，不能影响员工的就医紧急性。"

"我听明白了，企业依据诚信原则对员工的病假真伪进行调查，这是企业的权利，对吧？"

"没错。"

·企业对病假的核实权·

企业对于劳动者因非紧急性疾病而产生的病假有调查权和核实权，作为劳动者有义务配合企业的调查核实。

老李说："长期病假肯定就进入了医疗期，那作为企业，是不是跟员工签个医疗期协议会更好呢？"

小明说："您说的这个方法非常好，员工在对医疗期的认识上可能会和企业有差异。对于企业来说，在员工开始进入医疗期时，企业应该向员工发送医疗期通知，或者和员工签订医疗期协议，告知员工医疗期的起止时间和相关待遇，这样能避免很多医疗期纠纷。"

"我还有一个问题，如果医疗期满，但员工因疾病无法上班又可以提供医疗诊断证明，那企业怎么办呢？"

· 医疗期满无法工作如何处理 ·

　　《劳动合同法》第40条第1款规定，有下列情形之一的，用人单位提前30日以书面形式通知劳动者本人或者额外支付劳动者1个月工资后，可以解除劳动合同：（1）劳动者患病或者非因工负伤，在规定的医疗期满后不能从事原工作，也不能从事由用人单位另行安排的工作的……

　　"谢谢小明，我又学了不少知识。你说，我是不是特别爱学习呢？"

　　"您太爱学习了，简直是'老骥自知时日短，不用扬鞭自奋蹄'的典型啊！"

　　"这话我不爱听，我可正是壮年有为的年龄啊！"老李表示出强烈的不满。

三

　　富贵很着急地带着老李找到小明。

　　富贵说："有个多年制砖经验的老技师想来我们厂工作，他还有两年就退休了，我有些担心啊。"

　　小明说："老板担心的是老技师刚入职就进入医疗期，对吗？"

　　富贵拍了下桌子，对小明说："我就是这个意思。"

　　老李说："老板考虑问题总是这么细致。"

　　小明说："关于这个问题，我还是举个例子。"

　　二毛还有三年退休却失业了。他伤心了一段时间后，擦干眼泪继续求职。于是，他来到富贵砖厂面试。老李想，二毛如果上班第二天休病假，就可以享受24个月也就是两年的医疗期。不行，不能用他，于是好言好语地把二毛给打发走了。

富贵说："这个案例正好说出了我的顾虑嘛。"

老李说："这个案例中的老李还是蛮符合我的性格的。不过我想要是给企业设立个保护期就好了，也就是劳动者在新入职一年内不享受医疗期的待遇，这样企业的顾虑就没了。"

小明说："说实话，现在企业对招聘老员工顾虑确实不少，除了医疗期的顾虑外，还有学习能力一般的顾虑、奋斗精神不高的顾虑、思维不容易扭转的顾虑。"

老李站起来说："小明，年龄歧视要不得啊，年龄大的我第一个跳出来反驳你。"

富贵说："别激动，小明说的顾虑，这确实存在嘛！"

老李说："我还是用个小故事来反驳你吧。"

春秋时，齐桓公出兵攻打一个叫"山戎"的蛮夷部落，齐桓公带军亲征，把这个野蛮部落打得落花流水，一下子打到了他们的大本营"孤竹"，最后这个部落的首领投降了。

大胜之后，齐军往回走，因为不熟悉地形，走进一个险谷，怎么也走不出来了。大臣管仲提出建议，让老马来带路。于是，齐桓公让将士放开了几匹老马并让它们在前面走，大军在后面跟着。果然，齐军跟着老马顺利地走出了山谷，走上回国的大路。

小明说："这是老马识途的故事，说明老员工经验多，某些方面会比年轻员工有优势。我刚才说的是企业顾虑，并不代表老员工不好。"

富贵说："像老李这样的老员工就很能干嘛！"

老李说："老板说得没错，善待老员工，更要善待像我这样识途的老马。"

富贵笑着说："有点儿王婆卖瓜的味道，那我也决定了，通知这个老技师来上班！"

四

二毛对小芳说："妹妹啊，我想出去做半个月的兼职。"

"工作干得好好的，怎么想起干兼职了？"

"前几天，厂里的同事找到我，说他的亲戚在外地开了个砖厂，让我去帮他调试砖厂设备，每天给我好几百块钱呢！"

"你上着班，怎么去呢？"

"我可以请病假嘛，就说我胃病犯了，要请假半个月。我看了你给我的关于劳动法的书，如果请病假进入医疗期的话，可以享受社保待遇和 80% 的最低工资待遇。同时呢，我还能出去赚外快，多好啊！"

"没听说你有胃病啊。"

"什么病这都好办，去网上可以买到病假条，这样我就可以以正当理由请病假了。"二毛显得很得意。

小芳义正词严地说："二毛哥，你怎么能这么做呢？"

二毛委屈地说："我不是想多赚钱，让咱们生活尽快好起来嘛！"

"二毛哥，你跟我说过，要做一个遵守职业道德的劳动者，如果这样做，你的职业道德在哪里呢？"

二毛觉得很羞愧，最羞愧的地方倒不是他要去兼职这件事儿，主要是在心爱的女人面前露出自己不好的一面。这一点，人和动物都一样，就像一只雄性孔雀喜欢在雌性孔雀面前开屏，却不会在雌性孔雀面前挖鼻孔。

二毛脸红了，辩解道："别人有这机会，估计也会这么做吧。"

"别人如何我不管，但是你这样不行，这是一种骗人的行为！"

二毛脸红了没说话。

小芳接着说："骗人的后果会很严重，最终受伤的肯定是你自己。"

"怎么骗人还会伤害自己呢？"二毛很不解。

"你没有听过'狼来了'的故事吗？"

"我听过。我明白你的用意了，希望我做一个诚实的人。"

"听过那我就不讲了。你知道你请病假去给人家做设备调试，在法律上属于什么行为吗？"

"不知道啊！"

"你病假期间兼职，享受了厂里给你提供的社保和工资，这叫不当得利。"

"不当得利，听起来很可怕，那结果是什么呢？"二毛急切地问小芳。

"厂里可以起诉你，要求你返还不当得利的利益。还有，其他的厂子知道你这么干，谁还敢用你呢？"

"这么严重啊。"

"还有更严重的呢，你听我给你讲个真实的案例。"

二毛通过网络购买了假诊断证明开始请病假。病假期间，富贵砖厂为他提供了社会保险和住房公积金待遇，并给他提供了相应的工资、福利等，合计金额 2.4 万元。

老李怀疑二毛的病是假的，去医院调查后发现诊断证明果然是假的。

于是，富贵砖厂提起了刑事自诉并附带民事赔偿。法院经过审理后认定，二毛虚构事实，以非法占有为目的，完全符合诈骗罪的构成要件，判处有期徒刑 6 个月，缓刑 1 年，并处罚金10000 元。

二毛摸了摸头上的冷汗说："好险啊，多亏妹妹提醒，要不我就会犯大错了。"

"所以嘛，咱们就踏踏实实地上班就行了，不该赚的钱不要去赚。"

"那我没钱，你还会喜欢我吗？"

"你一直没钱，我不也喜欢你吗？再说，我喜欢的是你，而不是你的钱。"

二毛感动得哭了，说："妹妹，能遇到你是我一辈子的福气啊。"

五

保安小王最近总是请事假，每次都是不同的理由：祖太奶奶病故，外祖太爷病故，三姨夫的四舅爷病故。总之，请假的理由都是悲伤的故事。

老李很生气，对小王说："你说吧，你祖太奶奶病故，你作为嫡系子孙，去参加葬礼是正常的。你外祖太爷病故，你作为曾外孙，去参加葬礼也不为过，但是你三姨夫的四舅爷病故，跟你一个八竿子打不着的亲戚有啥关系呢？"

可没办法，看到小王悲伤的样子，事假还得批。

老李和富贵、小明大倒苦水。

老李说："你说我不批这个事假吧，他叙述的事情好像还很紧急；我批了吧，总有一种被欺骗的感觉。特别是我批完以后，发现这小子的眼神看我很诡异，让我有种说不出来的感觉。"

小明笑了笑，说："休事假也是一种刚需。你说不批，显得企业冷冰冰，没有人情味，再说，事假期间，劳动者也不要工资嘛。"

老李说："小王这种请事假的情况明显不具有紧急性，你说他三姨夫的四舅爷去世，打个电话发个短信不都解决了，还有必要去参加葬礼吗？"

富贵问："如果影响工作，我们不批的后果会如何？"

小明说："如果对事假不批准的话，小王不打招呼就走，会构成旷工的，当旷工达到一定天数，厂里可以依法解除劳动合同。但是呢，法律也是讲人情的，合理的事假还是要批，否则引起纠纷，厂里也不占理呀！"

富贵说："那倒是，像小王这种情况，婚丧嫁娶也是人之常情，不好不批啊！"

小明看了一眼气愤的老李，接着说道："这说明一个问题，我们在规章制度中缺少对应的管理制度。面对员工的事假，按照规章制度来办才是正确的办法。"

富贵说："那这样呢，我们在规章制度中规定每个员工请事假每年不能超过多少天，超过的一概不批。"

老李说："修改规章制度，还是要走民主程序呀！"

小明说："我们可以从人情世故的角度考量下，看看每年给员工几天事假比较合适，做个民主调查，听听员工的意见，这样规章制度所规定的事假条款既符合法律要求，也能反映员工的基本诉求。"

富贵说："可以，让老李去做个调查表，在全厂范围做个调查。"

"好的，我这就去做调查，也听听员工们的心声。"老李爽快地回答。

富贵对小明说："这样，你把事假再总结性地说一下，我和老李也学习学习。"

小明说："老板不要这么客气，我会有压力的。"

老李说："有压力才会产生爆发力嘛，你看弹簧，压得越狠弹得就越高。"

　　富贵说："小明总结得很好，我的意见是管理之道也是相处之道，用真心换真心，这样才能共赢啊！"

　　小明说："大道至简，老板说得太好了。"

　　老李说："只有广阔胸怀的人才能说出这一番话啊！"

　　富贵微微一笑，转过头去，用深邃的目光注视着窗外的远方。

六

　　生命的孕育从来都是伴随着喜悦，因为代表着人类的繁衍进步，伟大而崇高。

　　晚上，在宿舍里，桂花告诉小芳她怀孕了。

　　"真的呀，那我就要做姑姑了，真是太好了。"小芳露出惊喜的表情。

　　"小芳啊，我真的担心厂里会因为我怀孕而把我除掉的。"

　　"傻话，怎么还会除掉，厂里也不是黑社会。再说，不会给你开除的，因为你怀孕了就代表你跨入了'三期女职工'的行列，劳动法会重点保护你的。"

　　"那你说说看，劳动法会怎么保护我呢？"

"'三期女职工'指的是处于孕期、产期、哺乳期的女职工。因为要承担人类繁育的职责，所以对这类人群要重点保护，会给一张'免死金牌'的。"小芳很耐心地讲解道。

"我也听说过三期妇女的'免死金牌'，这是怎么回事儿呢？"

小芳从自己的柜子里拿出一本劳动法的书，翻开了一页。

"我就拿劳动合同法第40条来举例吧，员工在几种情况下，企业提前30日以书面形式通知劳动者本人或者额外支付劳动者1个月工资后，就可以解除劳动合同，但是对于'三期女职工'并不适用。"

桂花好奇地问："我想知道劳动合同法第40条都规定什么了，我知道了心里好有点儿底啊！"

小芳笑了，说："好吧，我来告诉你。"

·劳动合同无过错解除情形·

《劳动合同法》第40条规定，有下列情形之一的，用人单位提前30日以书面形式通知劳动者本人或者额外支付劳动者1个月工资后，可以解除劳动合同：（1）劳动者患病或者非因工负伤，在规定的医疗期满后不能从事原工作，也不能从事由用人单位另行安排的工作的；（2）劳动者不能胜任工作，经过培训或者调整工作岗位，仍不能胜任工作的；（3）劳动合同订立时所依据的客观情况发生重大变化，致使劳动合同无法履行，经用人单位与劳动者协商，未能就变更劳动合同内容达成协议的。

"这些对于我这个'三期女职工'来说都不用担心，对吗？"

"嫂子聪明，理解得非常透彻。"

"你这么说我就明白了，心里也踏实多了。"

"还有一种情况，企业需要裁减人员，不能裁减到你的头上，因为你是'三期女职工'。"

"这么好，看来法律真的保护我们怀孕的女员工。"

"还有呢，劳动合同法第41条规定了企业可以进行经济性裁员，但不适用于'三期女职工'。"

"我明白了，企业有困难要裁员，但是要优先留用我们'三期女职工'。"

"这样心就踏实了吧？"

桂花瞪大眼睛，表情丰富地拍了拍自己的胸口说："可不嘛，这下我就踏实多了。"

小芳说："不过，还有几种情况，还是可以辞退的。'免死金牌'也不好用。"

桂花紧张地问："哪几种啊？"

于是，小芳翻开书给桂花念道：

·与"三期女职工"依法解除劳动合同情形·

《劳动合同法》第39条规定，劳动者有下列情形之一的，用人单位可以解除劳动合同：（1）在试用期间被证明不符合录用条件的；（2）严重违反用人单位的规章制度的；（3）严重失职，营私舞弊，给用人单位造成重大损害的；（4）劳动者同时与其他用人单位建立劳动关系，对完成本单位的工作任务造成严重影响，或者经用人单位提出，拒不改正的；（5）因本法第26条第1款第1项规定的情形致使劳动合同无效的；（6）被依法追究刑事责任的。

"这倒不怕，咱们的试用期已经过了。再说我就一个农村妇女，踏踏实实干活就是了，应该不会犯这些错误。"

"是啊，你就踏踏实实怀孕吧，给我生个漂亮的小侄子或者小侄女。"

"你哥大全的意思是还是要生个男孩，这样家里种地就不愁了。"

"都什么年代了，还这么重男轻女。"小芳撇了撇嘴。

七

老李向富贵汇报了桂花怀孕的事儿。

老李说："老板，桂花怀孕了，她原来一直在面案工作，每天都是不停地揉面，老钱担心面案工作不利于她怀孕。"

富贵不解地问："怀孕和揉面有啥关系呢？"

老李说："老板，老钱担心揉面过于用力而动了胎气，这样就会出大问题啊！"

富贵说："看来老钱也是个深谋远虑的人啊，不过，有什么好办法吗？"

老李说："我倒是有一个办法，那就是给她调岗，但不知道是否违法呀！"

富贵说："赶紧把小明找来，问问他的意见。"

"什么事儿啊，这么着急！"不一会儿，小明就进来了。

老李一五一十地把桂花怀孕，厂里担心她在面案工作会出问题的事儿告诉了小明。

小明反问老李说："您是怎么考虑这个事情的？"

老李说："我想给她调岗，让她做保洁员。"

"我觉得不行，保洁员用拖把拖地的时候也要用力啊。万一拎点儿重的东西，不是比揉面更容易动胎气？"富贵露出忧虑的神情。

老李说："老板说得没错，我就没想得那么周到细致。"

小明说："即使给桂花调岗，也不能降低工资。"

· "三期女职工" 调岗原则 ·

对 "三期女职工" 进行调岗，要符合必要性原则和合理性原则。除此之外，还要注意以下两点：一是调整的岗位不能对 "三期女职工" 的健康产生影响；二是不能因调岗而降薪。《女职工劳动保护特别规定》第 5 条规定，用人单位不得因女职工怀孕、生育、哺乳降低其工资、予以辞退、与其解除劳动或者聘用合同。

老李说："给桂花调到保洁员的岗位，工资肯定要降低的呀！"

富贵摇了摇头说："调岗降薪，却不合法，这可怎么办呢？"

小明说："'三期女职工'不能适应原岗位的话，不是不能调岗，但要和'三期女职工'协商。如企业决定单方面调岗的，则需要充分举证调岗的合理性。"

"证明桂花揉面容易动胎气，这可不好举证。"老李叹了口气。

富贵说："小明去知网查一下，没准有相关的论文呢！"

小明摇了摇头说："估计不会有，写这样的论文难度太大，可引用的数据并不多。"

富贵说："那我们换个角度，如果每天快乐地揉面，胎儿得到运动，是不是对胎儿更有利呢？"

老李说："哈哈，还是老板思想乐观啊。"

小明说："就是，老板看问题都是持积极心态，值得我们学习。"

富贵大手一挥，对老李说："既然没法调岗，那就告诉老钱，有了重活千万别让桂花干，厂里女职工本来就不多，我们更要照顾好才行。"

老李说："好嘞，我还要告诉老钱，让他没事儿帮着桂花揉面。"

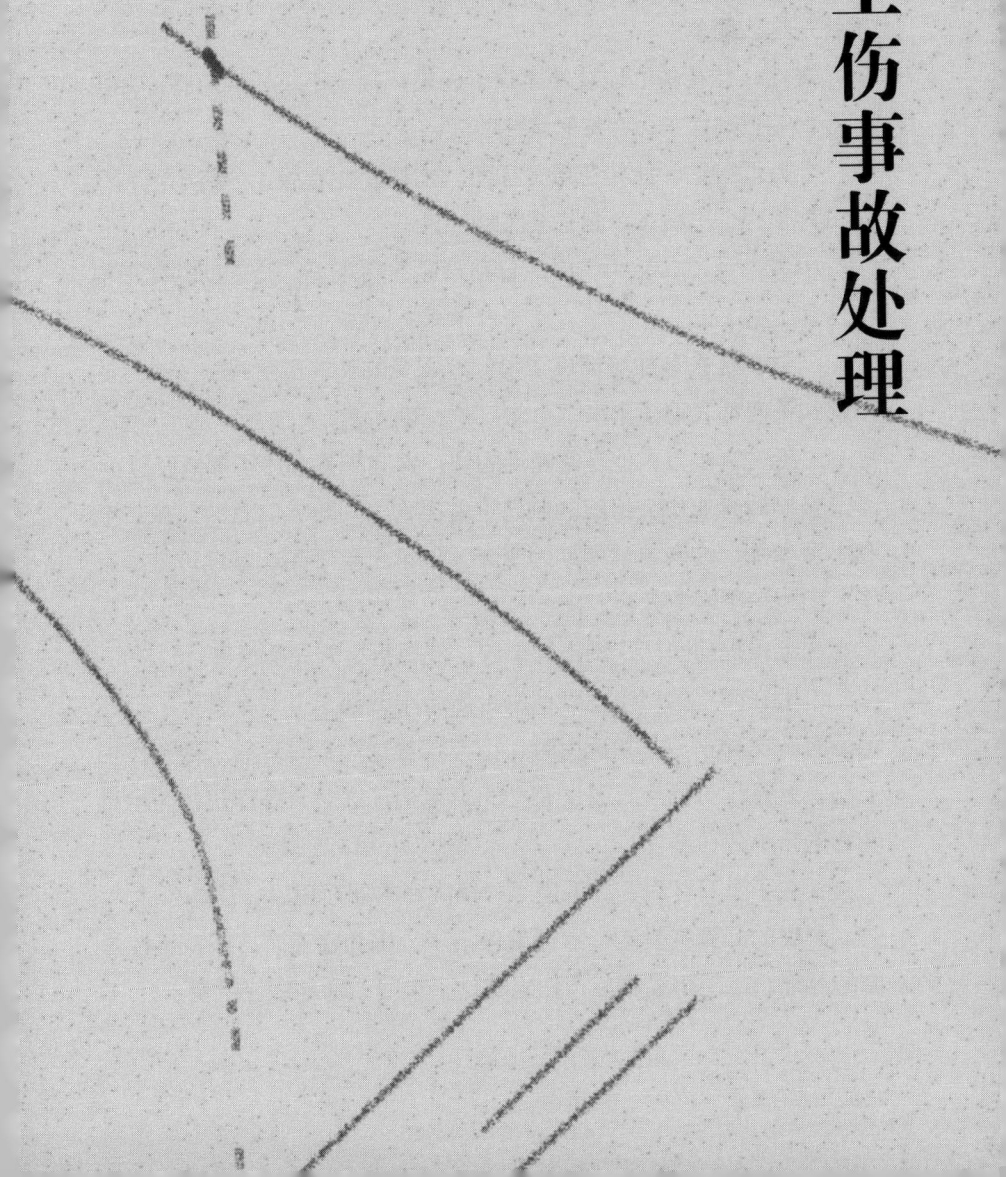

第七章　工伤事故处理

一

早晨八九点钟，阳光明媚。

小芳开始准备中午的面食。

小芳一边揉面，一边跟着耳机的音乐哼着歌曲，劳动人民的快乐就是这么简单。

突然，桂花匆忙地从外面跑了进来，拍了下小芳的肩膀，并告诉她二毛被车撞了，在县医院住院呢。

小芳很害怕，让桂花帮她揉面。她赶紧换衣服，一路小跑到厂门口打了一个出租车，到了县医院。

小芳找到了二毛的病房，看到二毛在病床上一脸无助的样子很可怜。

"你不是去参加培训班了吗？怎么受的伤？严重吗？"小芳的不解和关心都表现了出来。

二毛告诉小芳，他是昨晚受的伤，并向小芳描述了事情经过：

县制砖行业协会组织的制砖设备操作学习班，富贵砖厂派二毛和小罗参加，初步定培训期为四天。但第三天下午，培训班就结束了，因为一个专家开会没来。

二毛得提前回厂，没告诉小芳，他想给小芳一个惊喜。

二毛在回厂的路上还顺便去金店给小芳买了一对金耳环。他还记得有一次和小芳一起逛街时，小芳盯着这对金耳环看了很久。加上马上就是小芳的生日了，有心的二毛买了这对金耳环想作为生日礼物送给小芳。

买完了金耳环后，二毛坐了一辆黑摩的回厂里。

黑摩的开到富贵砖厂附近就停下了，因为富贵砖厂门口不让黑摩的停靠。二毛下了车后，扫码支付了车费，匆匆地往厂里走。

突然，一辆小汽车不知道从哪里蹿了出来，由于天色黑暗，视线不好，小汽车司机看到二毛也很慌乱，没刹住车，一下子把二毛撞出很远。

　　当身体飞出去的那一刻，二毛的意识还是清醒的。二毛想，这回完蛋了，自己的小命就这么交待了吗?

　　当身体落地的时候，二毛没感觉到疼，他知道自己还活着。

　　小汽车司机很仁义，他二话没说就把倒在地上的二毛送到县医院。经过拍片子诊断，医生认定是胫骨轻度骨折，并安排二毛住了院。

　　将二毛送到医院后，小汽车司机报了警，警察直接到了医院，询问了事故经过，初步认定小汽车司机在本次事故中负全责。

　　小汽车司机在医院里和二毛商量赔偿的事儿。小汽车司机提出，给二毛3万块钱。二毛心想，自己只是腿骨折了，问题不大，就同意了。

　　小汽车司机手写了一个协议，大致的意思就是赔钱了事儿，不许事后反悔。二毛在协议上签了自己的名字，司机把钱交给了二毛。

　　二毛向小芳说完了事情经过，并充满歉意地递给了小芳一个精致的礼盒，小芳打开一看，是她心仪已久的金耳环。

　　二毛说："今天是你的生日，这是我送你的生日礼物。"

　　小芳感动得哭了，对二毛说："傻二毛，你安安全全的就好，我宁可不要什么生日礼物，知道吗? 你的平安才是我最大的生日礼物。"

　　再动听的情话都不如一颗真诚的心。

　　二毛憨憨地笑了，他看到了小芳的关切和真心。二毛突然觉得，这次受伤还是很值得的。

　　二毛想安慰小芳，于是搜肠刮肚，想出一句残缺不全的古文，他说："别担心妹妹，天将降大任于斯人也，必先出点儿事故。"

小芳被没文化的二毛给逗笑了。

小芳问："你跟厂里说了受伤的事儿了吗？"

"我跟老刘请病假了。"

"你这可是工伤啊！"

"不能吧，不是在厂里出的事儿，也不是为了工作而受伤的，怎么会是工伤呢？"二毛不解。

"妹妹你看，这次事故是那个小汽车司机的责任，我们俩已经处理完了，跟厂里没关系啊。"

"这确实是工伤，我在书上看到过这种案例。"小芳非常肯定。

"我怎么觉得不应该是工伤啊。"二毛很惊讶。

小芳拿手机查了一下，对二毛说："二毛哥，你看啊，《工伤保险条例》第14条规定，职工因工外出期间，出了事儿算工伤。"

"妹妹啊，我已经培训学习完了，而且还是先去给你买的金耳环，后回的公司。这怎么能算因工外出期间呢？"

"从法律上说，你属于厂里派到县城进行学习，在你学习完到回厂里期间，在合理的范围内、合理的时间内都属于因工外出期间。"

"如果按你的说法，构成工伤的话，就会产生下一个问题。我记得你给我解释过不当得利，你看我接受了赔偿，厂里如果为我申请工伤，那我就拿到了双份的赔偿。这样，我是不是就构成不当得利了？"

"怎么会呢，你构成工伤和获得第三方赔偿是两回事儿。法律允许在第三方侵害的工伤事故中，受害人同时获得工伤赔偿和民事赔偿的。"小芳耐心地解释道。

"这个我是真的不懂，看来我得好好学习了，要不和你的差距越来越远。"

小芳笑着说："你这次被厂里派出去学习，说明你也很厉害了。"

二毛突然想起一件事儿，从床铺底下把3万块钱拿出来递给了小芳。

"这是那个司机赔我的钱，你收着吧，买点儿你自己喜欢的东西。"

小芳推辞不要，郑重地对二毛说："这钱我可不要，这是你经历了这么大的危险得到的赔偿，我拿起来算怎么回事儿。"

"妹妹，钱放你这里我才放心，你花了我更开心。"

小芳推辞不过，就接过了这3万块钱，对二毛说："这样吧，二毛哥，我把钱存上，单独存在一个卡里，等你出院交给你。"

"对了，如果我这算工伤的话，万一厂里不给申请，我们该怎么办？"

"这个我知道怎么申请的。"小芳肯定地回答。

·如何申请工伤认定·

根据《工伤保险条例》第17条规定，职工发生事故伤害或者按照职业病防治法规定被诊断、鉴定为职业病，所在单位应当自事故伤害发生之日或者被诊断、鉴定为职业病之日起30日内，向统筹地区社会保险行政部门提出工伤认定申请。用人单位未按前款规定提出工伤认定申请的，工伤职工或者其近亲属、工会组织在事故伤害发生之日或者被诊断、鉴定为职业病之日起1年内，可以直接向用人单位所在地统筹地区社会保险行政部门提出工伤认定申请。

根据第18条的规定，申请材料包括：（1）工伤认定申请表；

（2）与用人单位存在劳动关系（包括事实劳动关系）的证明材料；（3）医疗诊断证明或者职业病诊断证明书（或者职业病诊断鉴定书）。工伤认定申请表应当包括事故发生的时间、地点、原因以及职工伤害程度等基本情况。

二毛一脸崇拜地说："妹妹，你真的是太厉害了。"

"都是一个村长大的，谁让你不爱学习呢！"小芳打趣二毛。

二

小芳到了老李办公室，敲门进去。

老李正在办公室里整理文件，扭头笑着说："小芳啊，你是无事不登三宝殿，找我啥事儿呢？"

"李经理，二毛现在受伤住院了，厂里得给他申报工伤啊。"

老李抱着文件，对小芳说："小芳啊，不是我不答应你，而是二毛这情况没法认定工伤。你想，他确实是厂里派去学习的，但是他学习完并没有回厂里，而且是先去给你买的生日礼物。这样解释为因工外出期间，有些牵强。"

"这就是工伤，怎么还牵强呢？"

"他在购物后才回到的厂里，这肯定牵强；你要非让我去申报工伤，这是勉强。再说，人家工伤认定机构也不会同意呀！"

"我还是给你讲个故事吧！"

"讲故事好，虽然我知道你的用意，但我还是想听。"

于是，小芳讲了下面的故事：

三国时期的一位名将非常讲义气，他拒绝了高官厚禄的诱惑，一心一意地护送大哥的妻子回家，他从许昌出发，走了1000多里的路，克服了重重困难，最后平安地护送大哥妻子和大哥团聚了。这次经历让他在历史上非常有名气，一想起忠义之人，首先就会想到他。

老李说："我最喜欢看三国了，我知道你说的这个故事，'关羽千里走单骑'嘛。"

"我还没讲完，这个关羽千里走单骑的时候，还找各地的名士下棋呢，这个您知道吗？"

"关羽爱下棋是出了名的，在刮骨疗伤时还下棋呢，这不足为奇。"

"那问题来了，关羽在路上如果受伤了，算不算工伤呢？"

"肯定算啊，关羽一路保护刘备的老婆，出事儿了肯定是工伤，如果牺牲了还是因工死亡呢！"

小芳又问："那他如果下棋时受伤了，算工伤吗？"

老李想了想说："这个要区分对待，他要是下棋的时候被暗箭射中的话，肯定是工伤。要是下棋输了跟人家打架，被人家给揍了，应该不是工伤。"

"打架肯定不算工伤，我说的是非本人责任造成的伤害。"

"那就算工伤。"

"就是说，在他护送刘备老婆期间，即使去下了个棋，出了事儿受了伤，都应该算合理范围、合理期间，对吧？"

老李摸了摸不多的头发说："可以这么理解。"

"那二毛在厂里安排学习期间顺便拐弯买个首饰，再回厂，怎么就不是工伤了呢？"

老李想了想，觉得有道理，又觉得哪里不对劲儿。于是，他把话题岔开，对小芳说："肇事司机找到了吗？"

"找到了，他已经作出赔偿了。"

"已经得到赔偿，再申请工伤待遇，就存在不当得利，这可不是小问题。"

"您又错了，因工外出期间发生的伤害，也非本人责任，我们都占了。至于肇事的第三者赔不赔钱，跟工伤申请好像没什么关系吧。"

老李尴尬地笑着说："你说的好像有那么一点儿道理。"

三

厂里应不应该为二毛申请工伤呢？

老李拿不准，但又感觉这不是小事儿。

正在迟疑间，富贵进来。

老李说："老板啊，我正要找您呢，出大事儿了！"

"你总是一惊一乍的，到底啥事儿呢？"

"二毛住院了，这您听说了吧！"

"听说他在给小芳买耳环回厂的路上被撞的，这倒是个有情有义的家伙。"

"老板您先别着急夸，他这次受伤，还想让我申报工伤呢！"

"那到底算不算工伤呢？"

"我也拿不准啊！"老李摊开了双手。

小明突然敲门进来，这让老李惊喜万分。

"小明啊，遇到问题时你总是及时赶到。"老李露出开心的表情。

"您不是总说，说曹操曹操就到嘛！要不我把名字改了，也叫曹操吧！"

富贵说："大丈夫行不更名，不能改。"

老李说："这次二毛受伤住院，小芳要求厂里给二毛申报工伤，但我觉得厂里提供了宿舍，他下班不属于回家。再说，他是在给小芳买了生日礼物后才回的厂，感觉不应该算工伤。"

小明说："这小子给女朋友买生日礼物受伤，很有情义嘛。"

富贵说："我刚才也是这么说的。不过呢，我赞成老李的观点。"

小明说："《工伤保险条例》第14条规定，因工外出期间，由于工作原因受到伤害的属于工伤。"

富贵问："他给小芳买了生日礼物后才回厂里，难道是工作原因？"

小明说："他因工外出期间，应该包括他回厂里路途的期间，二毛不是在买戒指的途中受伤，而是回厂途中受伤，肯定算工伤。"

老李说："也就是说，他如果去买戒指的途中受伤，那么就不是工伤，但是他买完戒指往厂里走，出了事故，就是工伤了。"

小明说："您说得对。"

富贵说："如果二毛在回厂的路上肚子饿了，买了一个烧饼，在买烧饼的路上被人给打了呢？"

小明说："这也属于工伤，因为这属于二毛在回厂途中的合理范围内，为了解决生理需求，又非本人责任嘛。"

富贵说："如果二毛买烧饼不给钱，被老板给打了呢？"

"那肯定就不是工伤了。"小明肯定地回答道。

老李说："回到刚才的问题吧，二毛已经得到了肇事司机的赔偿，如果他再享受工伤待遇，是不是就属于不当得利了？"

小明说："这不属于不当得利。"

·职工能否同时获得工伤赔偿和民事赔偿·

最高人民法院《关于审理工伤保险行政案件若干问题的规定》第8条规定，职工因第三人的原因受到伤害，社会保险行政部门以职工或者其近亲属已经对第三人提起民事诉讼或者获得民事赔偿为由，作出不予受理工伤认定申请或者不予认定工伤决定的，人民法院不予支持。职工因第三人的原因受到伤害，社会保险行政部门已经作出工伤认定，职工或者其近亲属未对第三人提起民事诉讼或者尚未获得民事赔偿，起诉要求社会保险经办机构支付工伤保险待遇的，人民法院应予支持。职工因第三人的原因导致工伤，社会保险经办机构以职工或者其近亲属已经对第三人提起民事诉讼为由，拒绝支付工伤保险待遇的，人民法院不予支持，但第三人已经支付的医疗费用除外。

老李说："原来是这样啊，怪不得小芳说的时候，我也觉得有道理呢！"

富贵说："那就赶紧申报工伤吧，违法的儿事咱们可不能做。"

小明说："老板做事儿真是气度不凡啊！"

老李说："我想起一件事儿，有一次我陪一个建筑老板吃饭，因为他要购买我们的砖。他还对我说：'老李啊，你喝一杯我就多买一车砖！'结果把我搞得喝多了，还差点儿被黑摩的给撞了。我想问的是，如果我被黑摩的给撞了，算不算工伤呢？"

富贵感动地说："我说他为啥多要了几车砖，原来是这么回事啊！"

小明说："是不是工伤要看是否在工作职责范围内，老李作为厂里的人力资源经理，去陪客户吃饭，不属于他的工作职责，还有，您好像也没受到老板指派，所以您这个算不上工伤。"

老李说："明白了，如果我是销售人员、接待人员，那么我陪客户吃饭出了事儿，就属于工伤了。"

小明说："还有，即使您是销售人员，如果您在醉酒状态下，也不一定算工伤的。"

·醉酒能否认定工伤·

《工伤保险条例》第 16 条规定，职工有下列情形之一的，不得认定为工伤或者视同工伤：……（2）醉酒或者吸毒的……

从上述规定可以看出，醉酒能否认定工伤，要看醉酒是否属于导致伤亡的直接原因。如果受伤职工符合《工伤保险条例》第 14 条、第 15 条的工伤情形，并受到了伤害或出现突发疾病导致 48 小时内死亡的情况，即使职工醉酒，也属于工伤。如果职工因醉酒而诱发疾病，或者因醉酒而出现认知错误导致伤害发生等情形，就不属于工伤。

老李说："了解，醉酒如果属于伤亡的直接原因，那么就无法认定工伤。"

富贵说："说明一个问题，因工喝酒，也莫贪杯啊！"

四

富贵砖厂为了让员工强健身体，开设了个员工健身房。

富贵把老李和小明带到了健身房，问他们俩的感受。

小明说："老板，咱们厂的福利真是越来越好，连健身房都有了。"

"老板，咱们可是砖厂，员工白天搬砖，晚上撸铁，是不是运动强度过大呢？"老李显得忧心忡忡。

富贵说："撸铁也是为了更好地搬砖嘛！"

"小明，你说员工在撸铁的时候被伤到了，这算工伤吗？"老李扭头问了小明一个问题。

小明说："当然不算工伤了，因为不符合工伤场景嘛！"

"什么是工伤场景呢？"富贵不解。

小明说："这个简单。"

·什么是工伤场景·

工伤场景就是劳动者受伤符合工作时间、工作场所以及和工作原因有关的场景。

富贵说："根据你们的说法，我来举个例子。"

搬砖的二毛喜欢健身。于是，在搬砖的时候故意举过头顶，还跟工友炫耀："看你们，抱着砖都这么费劲儿，我还能头顶着砖呢。"老刘赶紧对二毛说："注意安全。"突然，二毛头上的砖掉下来，把他的头砸破了。

富贵问："你们说，二毛这算工伤吗？"

老李说："不作死不会死，搬砖不需要把砖头举过头顶的，他违规操作把自己的头砸破，肯定不算工伤。"

小明说："我倒有不同的看法，二毛把砖举过头顶也不能算恶意违反安全规程，这应该属于工伤。"

富贵说："小明说的有道理，如果我们雇用非洲人，他们还得用头顶着砖头跑路呢！"

老李对小明说："我还记得你说过，中午不在单位午休，而选择在外面午休，一样会被视为工作场所的延伸。我不理解，这也能认定为工伤吗？"

小明说："我给你说一个真实的案例，这个案例的主人公就不是二毛了。"

单身青年小Ａ跟一位已婚女同事产生了暧昧关系。每天中午，小Ａ都去女同事家里幽会。一天，小Ａ在中午回厂的路上被一辆逆行的汽车给撞倒，造成小腿骨折。

工厂知道了事情的原委后，不给小Ａ申报工伤，小Ａ不服，自己去申报工伤，经过人社部门的调查核实，最终认定小Ａ为工伤。

原因在于：1. 小Ａ午间休息，属于工作期间正常的生理需求。无论休息地点在哪里，都被视为工作地点的合理延伸；2. 根据《工伤保险条例》第14条第6项之规定，非本人过错而受伤。所以小Ａ的情形属于工伤。

老李说："这个案例有点儿让人生气，怎么还给他认定工伤呢，明明是道德败坏的行为，被车撞倒，说明上帝在惩罚他嘛。"

富贵说："这不符合正义的标准，法律不应该支持他。"

小明说："小Ａ午间外出幽会已婚情人，确实道德有问题。但是，劳动者对休息时间享有支配权，他是可以选择休息地点的。"

小明看了一眼富贵和老李，觉得他们俩还是不大理解，就说了一句："道德的归道德，法律的归法律。"

五

午饭时，老李在食堂点了米饭炒菜，在角落里默默地吃着。

突然，食堂经理老钱出现在身边。

老钱说："老李啊，你整天忙碌，我看在眼里，疼在心里，以后我得对你好一点儿。因为友谊才是人生真正的星辰大海。"

老李笑着说："老钱，你真会说话，听你的话让人感动，但这种心灵鸡汤只暖心，不暖胃呀！"

说得老钱很不好意思，一扭头进了厨房，不一会儿又回来了，手里拿了一个鸡腿，放在了老李的碗里。

"你不会想贿赂我吧？"老李边吃鸡腿边提出质疑。

"怎么会，我就是心疼你而已。再说，你不要有压力，这个鸡腿是我老婆从家里给我带的。"

"这鸡腿还真是好吃。"老李咬了一口鸡腿，夸奖了老钱。

老钱好像突然想起一个事儿，对老李说："我还真有个事儿找你。"

老李一边低头啃鸡腿，一边说："我就知道，这个鸡腿不是白啃的。"

老钱讲了事情的经过，炒菜师傅王五出了事故，原因是王五驾驶他那辆四处漏风、即将散架还没牌照的小汽车在下班途中被一辆小汽车追尾了，导致了他被撞出车外，送到医院后经医生诊断，发现腿部骨折。

老钱说："老李你看，这个王五现在受伤住院呢，他这肯定是工伤，你得给他申报啊！"

老李把鸡腿啃完，对老钱说："这几天不知道怎么了，二毛刚受了工伤，王五又出了这么一档子事儿。"

老钱说："上下班途中，非本人原因，王五都占了。还有，小芳跟我说了二毛的事儿，我综合分析了一下，王五跟二毛没什么区别。"

老李挠了挠头，感觉老钱说得是那么回事儿。说："老钱啊，你维护你的下属利益，这点很好，但是否属于工伤，我还真的拿不准，我得去跟老板汇报下，再回复你。"

老李找到了小明，说："小明啊，咱俩一起去找老板吧，有个工伤的事儿，这事儿得你来出主意，老板拍板。"

小明站起身来说："没问题，我听您的。"

富贵正在办公室里看书，老李和小明敲门进来。

富贵说："你们俩一定有事儿，否则不会一起来，对不对？"

老李说："太对了老板，啥事儿都瞒不过您！"

富贵说："坐下说吧！"

"食堂的王五被车给撞了，现在住院呢。"老李跟富贵和小明说道。

"我说呢，这两天食堂的炒菜这么难吃，原来炒菜师傅不上班了。"小明开始抱怨。

富贵说："可不嘛，今天中午做的辣椒炒肉，放了那么多盐。又咸又辣，白瞎那么多肉了。"

老李说："难吃不是关键，关键是老钱让我给王五申报工伤。"

富贵说："这样，您说下详细情况吧，王五是怎么被撞的。"

老李说："王五下班后，开着他那辆老爷车被别人开车追尾了，他被撞飞了出去，结果腿骨折了。"

富贵说："王五那辆车我知道，除了喇叭不响，哪里都响。能开这辆车上下班的人胆量足够大。还有，这辆车连年检都没过，所以王五有胆，但不是有胆有识。"

老李说："老板说得太客气，王五这辆车连牌照都没有。"

富贵叹了口气，说："无牌照也敢上路，简直是放飞自我嘛！"

老李说："岂止是放飞自我，简直是放飞生命！"

"依照我的判断，王五不应该是工伤。"富贵显得很自信。

"老板，咱俩又想到一起去了，他肯定不是工伤。"老李拍了一下自己的大腿，显得很兴奋。

小明想了想说："王五的情况虽然和二毛不一样，但应该是工伤。"

"不会吧？"老李显得很惊讶。富贵在旁边也露出惊讶的表情。

小明耐心地解释道："王五虽然是无证驾驶，按照交通法规的规定属于违法行为，但他可是上下班途中，非本人主要责任啊！"

"我明白了，王五虽然违法，但他毕竟是劳动者。在法律出现冲突的时候，法律还是要向着他的。"

老李说："老板解释的就是通透。还有，老钱为这事还给了我一个鸡腿呢！"

富贵说："你说过，吃人家嘴短，怎么还没记性呢？"

老李说："我记住了，不过，他这个鸡腿不白给。"

六

工伤休养期间，二毛的日子过得还是很滋润的，小芳给他买了几本书，叮嘱他没事儿多学习。于是，二毛每天都要逼着自己看看书。他还抽空去车间帮着搞下卫生，干点儿零活，搞得老刘非常感动。

老刘站在高高的一排方砖前面检查质量，二毛突然出现。他递给了老刘一块毛巾，并对老刘说："您擦擦汗，风这么大，可别感冒了！"

老刘一边接过毛巾一边感动地说："虽说砖头高百尺，不及二毛送我情啊！"

"那你以后要对我好一点儿吧。"

"当然要对你好一点儿，我还有重任要交给你呢。"

"啥重任啊，您得赶紧跟我说说。"二毛露出期待的表情。

"我可不想这么快告诉你，我还是想给你个惊喜。"

"我也想赶紧上班，听不到您的鸡汤口号，我总感觉少点儿啥！"

"那就期待你归队。"

二毛找到小芳。

二毛说："妹妹，我想早点儿回去上班，因为老刘说上班了有重任要交给我呢。"

小芳说："有重任交给你，说明你的能力得到了厂里的认可。那你赶紧去医院复查一下吧，没问题就赶紧上班。"

二毛说："不是说，得先去做个劳动能力鉴定吗？"

小芳说："劳动能力鉴定和上班也不发生冲突呀！"

·什么是劳动能力鉴定·

《工伤保险条例》第22条规定，劳动能力鉴定是指劳动功能障碍程度和生活自理障碍程度的等级鉴定。劳动功能障碍分为十个伤残等级，最重的为一级，最轻的为十级。生活自理障碍分为三个等级：生活完全不能自理、生活大部分不能自理和生活部分不能自理。

"原来说的工伤几级就是指劳动功能障碍程度啊！"

"没错。"

"那怎么申请呢？"

"这个可以由企业申请，也可以由个人申请。"

·劳动能力鉴定如何申请·

关于劳动能力鉴定的申请，可参考《工伤职工劳动能力鉴定管理办法》的以下规定：

1. 设区的市级劳动能力鉴定委员会负责本辖区内的劳动能力初次鉴定、复查鉴定。

2. 工伤职工或者企业应当及时提出劳动能力鉴定申请。

3. 填写劳动能力鉴定申请表，并提交：有效的诊断证明、检查、检验报告等完整病历材料；工伤职工居民身份证或者社会保障卡等其他有效身份证明原件。

4. 申请人提供材料完整的，劳动能力鉴定委员会应当及时组织鉴定，并在收到劳动能力鉴定申请之日起 60 日内作出劳动能力鉴定结论。伤情复杂、涉及医疗卫生专业较多的，作出劳动能力鉴定结论的期限可以延长 30 日。

二毛问："如果鉴定不出等级，那是不是会享受不到工伤待遇了呀！"

小芳想了想说："工资待遇和医疗待遇依然可以享受的，但是拿不到一次性伤残补助金了。"

"我这段时间也看了关于工伤的法律规定，听说还应该有一次性工伤医疗补助金和一次性伤残就业补助金，这个也拿不到吧？"

"评不上工伤等级肯定拿不到。即使评上了，也是在劳动者主动辞职或者劳动合同期满终止后才能享受。其中，一次性工伤医疗补助金是工伤保险基金支付的，一次性伤残就业补助金是企业支付的。"

二毛着急地说："那我赶紧去找老李，让他给我申请劳动能力鉴定吧！"

七

二毛的劳动能力鉴定结果出来了，劳动功能障碍被评上十级伤残。二毛告诉了小芳工伤结果，小芳告诉他，评上十级伤残说明没留下后遗症，这是好事儿。

"那我有待遇补助啥的吗？"

·十级伤残的待遇·

《工伤保险条例》第 37 条规定，职工因工致残被鉴定为十级伤残的，享受以下待遇：

1. 从工伤保险基金按伤残等级支付一次性伤残补助金，标准为十级伤残为 7 个月的本人工资。

2. 劳动、聘用合同期满终止，或者职工本人提出解除劳动、聘用合同的，由工伤保险基金支付一次性工伤医疗补助金，由用人单位支付一次性伤残就业补助金。一次性工伤医疗补助金和一次性伤残就业补助金的具体标准由省、自治区、直辖市人民政府规定。

"也不错，说明我没白受伤。"二毛笑了笑。

"宁可不要这些，也不要发生这些意外。"小芳摆了摆手。

和二毛同车间的老张也是操作工，但他还在试用期。老张来到富贵砖厂后，就和二毛相处得不错。

一天早上，二毛发现老张的脸色苍白，就对老张说："老张，赶紧回宿舍休息去吧。"

老张咳嗽了两声，蹲在那里没有说话。

二毛赶紧去找老刘，告诉他老张的情况。

老刘过来看了看，说："老张，我们送你去医院吧！"

老张摆摆手说："不用，我回宿舍休息一下吧！"

于是，二毛扶着老张回到了宿舍，老张躺在了床上。

二毛陪老张在宿舍待了一会儿，感觉老张脸色好了一些。

老张喝了口水，对二毛说："上班去吧，我没事儿。"

中午时分，二毛给老张从食堂带回了饭菜，老刘和几个工友也过来看了老张，还给他买了水果。

老张看到这么多人来看自己，觉得挺不好意思的。赶紧说："你们不用担心，我真的没事儿，明天就回去跟你们一起战斗。"

时间很快，到了下班时间。

二毛回到宿舍后，发现老张脸色苍白，就赶紧找其他的工友，大家商量后，叫了120把老张送到了县医院，医院确诊老张为高血压和肺栓塞并发症，经抢救无效，老张还是在第二天一大早就去世了。

老李知道这个消息后，赶紧向富贵汇报。

"老张多好的人啊，就这么没了？"富贵有些不大相信。

老李说："是啊，人就这么没了，生命真是太脆弱了。"

富贵说："他家人赶来了吗？"

老李说："老张的妻子和儿子已经在来的路上了。"

"那么，老张这种情况属于工伤吗？"富贵问老李。

老李回答："我也不大确定啊！法律规定，在工作时间和工作岗位，突发疾病死亡或者在48小时之内经抢救无效死亡的，视同工伤。但是老张是在宿舍休息后到医院死亡的。"

富贵说："还是把小明找来吧，让他来判断下。"

不一会儿，小明敲门进来。

老李赶紧说了老张的情况。

小明说："老张的情况应该属于因工死亡。"

老李说："老张是回到了宿舍才发病的，并不是在工作期间发病的，应该不属于因工死亡吧。"

小明回答："老张在上班期间请假，已经跟老刘说了自己胸闷，胸口疼，说明他在上班期间已经出现了病症，虽然没有直接送到医院，但是他的病症状态是处于延续状态的，从他刚开始离开工作岗位到死亡的时间并未超过48小时，所以应该被认定为工伤。"

富贵说："老张这个人我还是有些了解的，平时很要强，如果不是太难受都不会请假的，这是个好员工。"

老李说："确实是个好员工，他还喜欢帮助别人呢。"

富贵说："那么，老李去办这事儿吧，赶紧去申报工伤。该企业出的钱，咱们一分不能少，让老张的家里人有些补贴，既能解决经济负担，也是一种宽慰嘛！"

小明说："真是个好老板，在问题面前不推脱，在责任面前有担当。"

老李说："那老张如果被认定为因工死亡，他的近亲属能都享受哪些待遇呢？"

小明说："我先喝口水，慢慢跟您说。"

·因工死亡的待遇·

《工伤保险条例》第39条规定，职工因工死亡，其近亲属按照下列规定从工伤保险基金领取丧葬补助金、供养亲属抚恤金和一次性工亡补助金：（1）丧葬补助金为6个月的统筹地区上年度职工月平均工资；（2）供养亲属抚恤金按照职工本人工资的一定比例发给由因工死亡职工生前提供主要生活来源、无劳动能力的亲属。标准为：配偶每月40%，其他亲属每人每月30%，孤寡老人或者孤儿每人每月在上述标准的基础上增加

10%。核定的各供养亲属的抚恤金之和不应高于因工死亡职工生前的工资。供养亲属的具体范围由国务院社会保险行政部门规定；（3）一次性工亡补助金标准为上一年度全国城镇居民人均可支配收入的20倍。

富贵说："这就说明工伤保险太重要了。"

老李说："当然了。还有，试用期内给员工提供社会保险，这说明老板还是高瞻远瞩的。"

富贵没说话，但露出了骄傲的表情。

"对了，如果像富豪砖厂，员工在试用期内死亡了，但是没有工伤保险，这个怎么处理呢？"老李扭头问小明。

小明笑着说："这个法律也有规定的。"

·未给职工缴纳保险，因工死亡如何赔偿·

《非法用工单位伤亡人员一次性赔偿办法》第6条规定，受到事故伤害或者患职业病造成死亡的，按照上一年度全国城镇居民人均可支配收入的20倍支付一次性赔偿金，并按照上一年度全国城镇居民人均可支配收入的10倍一次性支付丧葬补助等其他赔偿金。

富贵说："这事儿要是让富豪砖厂摊上，他们就惨啦！"

老李说："就应该让他们摊上，我就看不惯张富豪那个嚣张劲儿。"

富贵说："虽然我们是竞争对手，但不要这么说人家。"

小明说："老板的胸怀简直如大海一样广阔啊！"

第八章

竞业限制和培训服务期

竞业限制

一

周末的上午，阳光明媚。

二毛和小芳都休息，小芳提出去爬厂子附近的小山，二毛欣然同意。

爬到小山上，俩人找到一个安静的地方坐下。

二毛迫不及待地对小芳说："妹妹，我上次不是跟你说过，老刘准备给我一个惊喜嘛。他这次把我提拔为设备操作主管了，工资涨了 200 多呢！"

"那我要恭喜你荣升领导喽。"小芳开心地说。

"对了妹妹，老李昨天拿来一份协议，让我在上面签字。"

"什么协议啊？"

"是一份竞业限制协议。协议里说我如果跳槽到和富贵砖厂经营同样业务的企业要承担违约责任，还要赔给富贵砖厂一笔钱。"

"你签了吗？"

"签了啊，我想，反正不是卖身契，签了就签了吧。"

"你的职位不在竞业限制人员之列啊。"小芳露出疑惑的表情。

"我签完协议时，老李还冲我诡异地笑了笑。搞得我一晚上没怎么睡，现在好担心啊！"

"问题倒是不大，你就是一个普通的农民工，虽然提拔成操作主管，但也不是高级管理人员。就算你离职了，也不会损害到厂里利益。厂里这叫随意扩大竞业限制的主体范围，属于滥用竞业限制条款。"

二毛非常佩服，诚恳地对小芳说："妹妹，你懂的就是比我多。我要向你学习，就像你说的，没事儿不能老刷手机。"

"是的，你看现在的短视频，要不就是假装正能量的废话，要不就是炫富，要不就是三观不正的破段子。"

"这些主播也不容易啊，他们老对我说：'老铁，别忘了给我关注，再点一颗小红心啊'，我就赶紧点了，我还想，我啥时候能像这些主播一样，能开上豪车呢。"

"咱们就是普普通通的农民工，靠自己的能力赚钱，真的不能羡慕这些人。"

"你是不是说，即使我签了这个竞业限制协议，它也约束不了我呢？"

"没错，滥用竞业限制条款，已经超出了法律允许的范围，不产生任何法律效力。"

·竞业限制人员的范围·

《劳动合同法》第24条规定，竞业限制的人员限于用人单位的高级管理人员、高级技术人员和其他负有保密义务的人员。竞业限制的范围、地域、期限由用人单位与劳动者约定，竞业限制的约定不得违反法律、法规的规定。

"原来是这样，看来我对这个竞业限制还真的缺乏了解。"

小芳笑着说："我给你举个例子。"

豆腐厂聘请做豆腐师傅二毛做豆腐厂的经营主管。二毛不但帮助豆腐厂打开了附近十里八村的销路，还开发了很多新产品，包括：香辣豆腐干、五香豆腐卷、销魂豆腐、臭豆腐口香糖等。豆腐厂和他签订了竞业限制协议。有钱的富贵回乡创业，相中了二毛的手艺，向二毛许诺了高薪，二毛欣然同意并离职。豆腐厂在二毛离职后，按月支付给二毛1500元竞业限制补偿金。

小芳问："你分析下，这种情况下，二毛没有遵守竞业限制协议，那他需要承担法律责任吗？"

"做豆腐是我祖传的手艺，不过你说的臭豆腐口香糖，连我爹都没听过。回到你的问题啊，咱们先抛开二毛是不是高级管理人员不说，他已经接受竞业限制补偿金了，那就应该遵守合同。"二毛很肯定。

"二毛只是经营主管，也没有接触到公司的技术秘密，他的岗位并不属于竞业限制范围，豆腐厂这就属于滥用竞业限制条款了。"

"但他可是接受了竞业限制补偿金啊！"二毛不解。

"你说得对，二毛接受了竞业限制补偿金。但它和竞业限制本身并不对等，豆腐厂可以按照不当得利来要求二毛返还补偿金，但是依然不能限制二毛的就业选择权。"

"我还以为拿了钱，就属于自愿受竞业限制条款约束呢！"

"那可不是的！"

二

富贵让老李来到自己办公室。

"老李啊，我告诉你个不好的消息。"

"老板这么乐观的人，怎么还有不好的消息呢？"

"刚才技术主管刘备来找我，说要跟我辞职，去富豪砖厂做技术总管了。还说张富豪准备把他妹妹介绍给他。"富贵叹了口气。

"他也找我了，要跟我办理离职手续。不过，有一点我很怀疑，他可比张富豪的妹妹大了二十几岁啊！"老李露出疑惑的表情。

富贵说："我也是这么问他的，他说有志者事竟成。"

老李说："真是知人知面不知心，上个月厂里发奖金，他还哭哭啼啼地跟我说他条件不好，儿子还在上高中，能不能让厂里多照顾他一下。还有这个张富豪，真的是用心歹毒啊！"

富贵说："他要正常离职也就罢了，可他去的是富豪砖厂，我怕他泄露我们的技术秘密。你赶紧把小明给我找来。"

不一会儿，小明来到了富贵办公室。

听完老李的介绍，小明说："竞业限制是一种诚信义务和忠诚义务。无论劳动者是否在职，都需要遵守的。刘备这次直接跳槽到对手公司，厂里可以按照竞业限制协议的约定要求他作出赔偿。"

老李说："我有一个问题，我们还未支付刘备竞业限制补偿金啊，要求他遵守竞业限制协议可以吗？"

小明说："当然可以。"

·竞业限制补偿金的法律性质·

竞业限制补偿金是劳动者遵守竞业限制约定的收入补偿。在劳动者离职并遵守约定后开始享受。

最高人民法院《关于审理劳动争议案件适用法律问题的解释（一）》第39条规定，在竞业限制期限内，用人单位请求解除竞业限制协议的，人民法院应予支持。在解除竞业限制协议时，劳动者请求用人单位额外支付劳动者3个月的竞业限制经济补偿的，人民法院应予支持。第40条规定，劳动者违反竞业限制约定，向用人单位支付违约金后，用人单位要求劳动者按照约定继续履行竞业限制义务的，人民法院应予支持。

老李说："他都没给我们支付竞业限制补偿金的机会啊。"

小明说："稳妥起见，您在刘备办理离职手续的时候跟刘备做一个书面的约定，约定竞业限制补偿金的发放日期。"

老李说："发放日期怎么约定比较好呢？"

小明说："这个还是比较灵活的，可以离职当日发放给他，也可以在正常发薪日给他。"

"糟了，厂里并没有和刘备约定竞业限制违约的赔偿条款啊！"老李一脸严肃地说道。

小明说："那也不怕。"

· 竞业限制违约金的计算 ·

《劳动合同法》第23条第2款规定，对负有保密义务的劳动者，用人单位可以在劳动合同或者保密协议中与劳动者约定竞业限制条款，并约定在解除或者终止劳动合同后，在竞业限制期限内按月给予劳动者经济补偿。劳动者违反竞业限制约定的，应当按照约定向用人单位支付违约金。

如果竞业限制违约金约定过高，法院可以结合劳动者给用人单位造成的损害和劳动者本人的主观过错程度、收入水平、职务、在职时间、违约期间以及当地经济水平予以酌减。

老李说："可刘备一分钱竞业限制补偿金也没收到。这样的话，他岂不是赔个寂寞？"

富贵叹口气说："寂寞的是我们呀。"

小明说："这个不怕，只要构成竞业限制违约的事实，他至少要赔偿1个月竞业限制补偿金3倍的。"

老李说：“那还好，我心里总算舒服一点儿了。”

富贵说：“他去富豪砖厂上班，我们怎么能找到证据呢？富豪砖厂的保安是张富豪的亲表舅，把大门看得死死的，外人根本进不去。”

老李说：“听说这老头爱贪小便宜，到时候我可以买两包烟试一试。”

“取证确实存在一定难度。”小明叹了口气。

老李说：“好办，刘备家住哪里我知道，到时我让他的邻居张大婶每天早晨盯着他，再让富豪砖厂附近修理自行车的老王师傅盯住富豪砖厂大门，看到刘备进去就拿手机给他拍下来。”

富贵说：“他们能听你的吗？”

老李说：“应该没问题，我会承诺买个‘老年机’给他们，这样他们就会积极配合的。”

小明说：“这倒是不错，发挥群众的力量。”

富贵说：“那就赶紧去办吧，买俩好点儿的老年机。”

三

刘备从富贵砖厂离职后，直接去了富豪砖厂上班。

老李把情况告诉了富贵和小明。

老李说：“经过了十天的蹲守，我们已经拿到了刘备在富豪砖厂上班的证据，包括他上下班进出富豪砖厂的照片、在食堂吃饭的视频，甚至还有他在厕所给张富豪妹妹打电话的录音。”

富贵说：“真是太好了。这回我们连富豪砖厂一起告吧，真看不惯张富豪这小子背后使坏的样子。不过，让我纳闷的是，张富豪真的把他妹妹介绍给刘备了？”

老李说：“老板，这不是主要问题，主要问题是他确实违反了竞业限制协议。还有，那两个'老年机'别忘了给我报销啊！"

富贵说："报销没问题。咱们商量下怎么收拾他们吧！"

小明说："老板，收拾富豪砖厂还不具备条件。"

富贵说："他明目张胆挖我的人，还拿他妹妹做诱饵，这难道不是法律保护我们的理由吗？"

小明说："我们和刘备签订的竞业限制协议约束的只是合同双方。如果要求富豪砖厂承担连带责任，理由肯定是侵犯商业秘密和技术秘密，但没有证据啊。"

·竞业限制连带赔偿责任·

　　劳动者违反竞业限制协议，新用人单位一般不承担责任，但如违反《反不正当竞争法》相关规定，需向原用人单位承担连带赔偿责任。

　　《反不正当竞争法》第9条规定，经营者不得实施下列侵犯商业秘密的行为：（1）以盗窃、贿赂、欺诈、胁迫、电子侵入或者其他不正当手段获取权利人的商业秘密；（2）披露、使用或者允许他人使用以前项手段获取的权利人的商业秘密；（3）违反保密义务或者违反权利人有关保守商业秘密的要求，披露、使用或者允许他人使用其所掌握的商业秘密；（4）教唆、引诱、帮助他人违反保密义务或者违反权利人有关保守商业秘密的要求，获取、披露、使用或者允许他人使用权利人的商业秘密。经营者以外的其他自然人、法人和非法人组织实施前款所列违法行为的，视为侵犯商业秘密。第三人明知或者应知商业秘密权利人的员工、前员工或者其他单位、个人实施本条第一款所列违法行为，仍获取、披露、使用或者允许他人使用该商业秘密的，视为侵犯商业秘密。

老李说："那就赶紧把刘备给告了，让他不能在富豪砖厂上班，这样他们的目的都达不到。"

小明说："还有一点，厂里和刘备的竞业限制纠纷可以在劳动仲裁部门立案，如果我们起诉富豪砖厂，那么就得以侵犯商业秘密和技术秘密为由起诉到法院了。"

"原来是这样啊！"老李露出恍然大悟的表情。

富贵说："小明，你赶紧去准备仲裁材料吧，先把刘备收拾了。"

小明说："还有重要的一点，赶紧把第一笔竞业限制补偿金打到刘备的工资卡里，这可是非常有利的证据。"

四

富贵砖厂申请了劳动仲裁。

劳动争议仲裁委员会把富贵砖厂的劳动仲裁申请书副本和相关证据材料送交给被申请人刘备，并确定了开庭日期。

开庭当日，小明作为申请人富贵砖厂的代理人出庭。

刘备作为被申请人出庭，他并没有聘请律师。

富贵砖厂的仲裁请求包括：第一，被申请人刘备停止在富豪砖厂工作；第二，刘备向富贵砖厂支付竞业限制违约金；第三，刘备在微博和微信朋友圈向富贵砖厂道歉，并声明不再违反职业道德。

小明当庭提交了被申请人违反竞业限制协议的相关证据，包括劳动合同、刘备的工资流水和社会保险缴纳记录、竞业限制协议、富贵砖厂对技术秘密进行保护的说明、富贵砖厂支付给刘备的首月竞业限制补偿金打款记录、刘备在富豪砖厂上下班的照片、刘备在富豪砖厂食堂吃馒头的视频等。

小明当庭表示，首先，刘备违约已经构成事实，应向富贵砖厂支付竞业限制违约金；其次，根据最高人民法院《关于审理劳动争议案件适用法律若干问题的解释（四）》第 10 条之规定，刘备应立即从富豪砖厂辞职，并继续遵守竞业限制协议之约定。

刘备向仲裁庭哭诉，自己身为皇族后裔，不但在富贵砖厂没有受到应有的照顾，还干活多，拿钱少，最后没办法才从富贵砖厂离职的。

刘备还说，自己在富豪砖厂只是一个普通员工，并不算违反了竞业限制协议，自己并没有违约。

小明当庭拿出刘备在"全县制砖技术研讨会"上代表富豪砖厂讲话的照片，反驳刘备说："被申请人作为普通员工能够参加这种技术研讨会吗？普通员工能代表富豪砖厂做技术代表发言吗？"

刘备最后哑口无言。

劳动仲裁结果出来了，仲裁庭支持了富贵砖厂的第一项申请和第二项申请，裁决刘备向富贵砖厂支付竞业限制违约金 10000 元，并继续履行竞业限制约定。第三项请求由于不在劳动仲裁的受理范围内，所以没有支持。

富贵开心地对老李和小明说，这个消息真的太让人振奋了，晚上我带你们俩去吃点儿好的。

老李说："老板，能让我点菜吗？"

五

富贵刚从车间出来，老李就过来跟富贵说："老板，刘备过来找我了，还委屈地哭了。"

"他怎么还委屈呢？"富贵露出不解的表情。

老李说："刘备说，经过这次风波，富豪砖厂也不敢用他了，富豪砖厂老板妹妹也不接他电话了。他还是觉得在富贵砖厂工作更踏实。"

富贵说："老李啊，关于是否再次接受刘备，我把这个包袱踢给你吧。"

老李说："我可不敢接这个包袱，谁知道这家伙哪天又出什么幺蛾子。"

富贵说："那就让他回来吧，这样也能体现出我们富贵砖厂海纳百川嘛。"

老李说："也行，毕竟他属于'4050'人员，我们还可以申请些政府补贴不是。"

"什么是'4050'人员呀？"富贵不解地问。

· **什么是"4050人员"** ·

"4050"人员指的就是女性年满40周岁、男性年满50周岁，本人因就业竞争条件较差就业困难的劳动者。国家为了扶持"4050"人员就业、创业，制定了很多优惠政策。各地有关部门积极为"4050"人员提供创业指导、社会保险补贴、税费减免、贷款优惠、资金扶持等服务。对企业招用"4050"人员，签订1年以上期限劳动合同并交纳社会保险的，给予一定的社会保险补贴。

富贵笑着说："原来是这样啊，你这算盘打得还是挺响的，那咱们以后也多招聘些'4050'人员吧，既能解决就业问题，还能享受国家的政策补贴，可谓一举两得嘛。"

老李说："可不嘛，这是个好政策，我们一定要用。"

富贵说："那你就去通知刘备吧，但记住这次不能约定试用期了。"

六

老李问小明："咱们技术部的老张已经到退休年龄了，他打算退休后就去南方生活，因为他儿子在那边上班。我担心的是他从咱们这离职后去别的砖厂工作。"

小明说："这个您不用担心，虽然老张退休了，但是竞业限制义务依然是存在的。"

老李说："这个我没有查到相关的法律规定。难道他不是劳动者身份了还可以用竞业限制协议约束他吗？"

· 退休劳动者的竞业限制遵守 ·

劳动者退休但竞业限制协议依然在有效期内的，保密协议、竞业限制约定仍具有约束力。

老李说："这么说我明白了，不过我还有一个问题，如果劳动者离职后，企业不支付竞业限制补偿金，那劳动者可以申请劳动仲裁吗？"

小明说："当然可以了，因为企业构成违约了。"

老李说："那企业应该按什么标准支付呢？"

· 竞业限制补偿金如何计算 ·

《最高人民法院《关于审理劳动争议案件适用法律问题的解释（一）》第36条规定，当事人在劳动合同或者保密协议中约定了竞业限制，但未约定解除或者终止劳动合同后给予劳动者经济补偿，劳动者履行了竞业限制义务，要求用人单位按照劳动者在劳动合同解除或者终止前12个月平均工资的30%按月支付经济补偿的，人民法院应予支持。前款规定的月平均工资的30%低于劳动合同履行地最低工资标准的，按照劳动合同履行地最低工资标准支付。

老李又问道："好学的我再提一个问题，竞业限制协议能解除吗？"

"当然可以解除了。"小明肯定地回答。

·竞业限制协议的解除·

关于竞业限制协议的解除，可以参见最高人民法院《关于审理劳动争议案件适用法律问题的解释（一）》第38条、第39条的规定。

竞业限制协议的解除方式有三种：一是双方协商一致解除；二是企业解除，但劳动者有权要求企业额外支付3个月竞业限制补偿金；三是劳动者解除，劳动合同解除或者终止后，企业超过3个月未支付竞业限制补偿金，劳动者可以解除竞业限制协议。

老李说："小明啊，跟你学了不少知识，我应该怎么感谢你呢？"

小明笑着说："没事儿把嫂子新研制的熟食多给我尝尝就行。"

"好嘞，明天就把她新研制的'梦幻鸡爪'给你拿来。"老李爽快地回答道。

培训服务期

一

二毛被提升为设备操作主管后，工作加倍努力。

老刘看在眼里，心里也是十分满意。

机遇从来都是给努力的人准备的。正好，富贵砖厂得到两个"高级制砖师"技能培训的名额，还有政府补贴。车间主任老刘推荐二毛去学习。

这次技能培训需要脱产学习1个月，老李想了想，觉得有些不妥，就找到了富贵。

老李说："老板啊，二毛确实不错，能干活，人也聪明，但是这小子喜欢这山望着那山高，我担心他技术好了又要被别人挖走啊。"

富贵说："你担心得有道理，这小子万一跳槽，厂里花了钱不说，也白白培养了一个人嘛。虽然说他女朋友小芳在这上班，但还是要做好防范工作。"

老李说："把小明找来，看从法律上有什么办法。"

不一会儿，小明跟着老李从外面进来。

小明听老李说了厂里对二毛的担忧，说道："如果老板担心二毛能力强了跳槽到其他的砖厂，并担心自己的培训费用'打了水漂'的话，厂里可以跟二毛约定服务期。"

《劳动合同法》第22条第1款规定，用人单位为劳动者提供专项培训费用，对其进行专业技术培训的，可以与该劳动者订立协议，约定服务期。

老李说："厂里给二毛提供的就是专项培训啊，那我找他先签了服务期合同，对吧？"

"没错。"小明点了点头。

老李说："那么能不能跟二毛做这样的约定呢：厂里跟二毛约定了3年的服务期，在服务期未满前，如二毛提出离职，视为毁约并对厂里提供的专项培训费用作出10倍赔偿。"

小明说："这个10倍赔偿肯定不合理啊，劳动者所承担的服务期违约金不得超过企业提供的专项培训费用。"

富贵问："那是不是说，只要二毛在服务期内提出离职，就需要支付违约金呢？"

小明说："我举个例子来回答您。"

二毛和富贵砖厂签订了服务期合同，约定了3年的服务期。1年后，富贵砖厂开始拖欠工资，于是二毛提出离职。

小明问："这种情况下，厂里可以向二毛要求服务期违约金吗？"

老李说："应该支付违约金的，因为有合同约定嘛。"

小明说："这您就错了，企业能要求违约金有个前提条件，就是企业不存在违法行为，您想啊，厂里连工资都拖欠，这种情况能不违法吗？"

富贵说："这就是种恶因得恶果啊！"

老李说："如果厂里和二毛签订的劳动合同期限为 2 年，而双方约定的服务期限为 3 年，到底应该以哪个为准呢？"

小明说："以服务期为准。"

·服务期和劳动合同期不一致的处理·

《劳动合同法实施条例》第 17 条规定，劳动合同期满，但用人单位与劳动者约定的服务期尚未到期的，劳动合同应当延续至服务期满；双方另有约定的，从其约定。

富贵说："那就跟二毛签个 3 年期的服务期合同吧，对厂里也是一种保护。"

小明笑着说："对于服务期合同来说，即使劳动者违约，向企业的赔偿也不多，只能说这是一种信守承诺的约定而已。"

老李说："这个我懂，劳动者一旦违反约定，会受到良心的谴责的，这就是契约精神嘛！"

富贵说："这样吧，以后员工签完服务期合同，再让他们听我讲讲'抱柱守信'的故事。"

二

老李找到了二毛，要跟他签服务期合同。

二毛问老李："我不是签竞业限制协议没多久吗，怎么还签这个呢？"

老李回答："这是两回事儿，那是竞业限制协议，防止你跳槽去同行单位，这个是厂里准备给你提供专项培训，怕费用打了水漂。"

二毛说："怕肉包子打狗一去不回，对吗？"

老李说："话糙理不糙，差不多吧！"

二毛没说什么，就签了合同。

老李又拉着小明来到了富贵办公室。

老李对富贵说："我来跟老板汇报下，刚跟二毛签完 3 年期的服务期合同。"

富贵说："这我就踏实了，培养一个人不容易啊！"

老李说："我想问下小明，如果二毛在服务期内离职，需要向厂里赔偿的费用都包括哪些？"

小明说："我还是举例说明吧。"

二毛提出离职后，老板富贵极力挽留，二毛还是不为所动，于是富贵拿出费用清单：1.专业技能培训费用，包括二毛脱产学习"高级制砖师"期间所提供的各项费用，即学费、差旅费和脱产学习期间的工资、社会保险等费用；2.职业技能培训费用，包括书本印刷费、课时费，还有培训期间的工资等。二毛说："这些都要我来赔偿，不合理。"

老李说："确实有些不合理，学习期间的社会保险和工资、培训期间的工资，这些不应该让二毛出。"

富贵说："那培训期间的工资呢？"

小明说："工资是不可以要求赔偿的，因为工资是基于劳动关系而不是基于培训关系产生的。"

·服务期违约赔偿的计算·

《劳动合同法》第 22 条第 2 款规定，劳动者违反服务期约定的，应当按照约定向用人单位支付违约金。违约金的数额不得超过用人单位提供的培训费用。用人单位要求劳动者支付的违约金不得超过服务期尚未履行部分所应分摊的培训费用。《劳动合同法实施条例》第 16 条规定，《劳动合同法》第 22 条第 2

款规定的培训费用，包括用人单位为了对劳动者进行专业技术培训而支付的有凭证的培训费用、培训期间的差旅费用以及因培训产生的用于该劳动者的其他直接费用。

老李说："那我就明白了。"

富贵说："还有一个问题啊，咱们厂也不定期组织员工进行技能培训，这些培训费是不是都可以写在服务期合同里面呢？"

小明说："组织员工进行的定期技能培训属于职业培训，和专项培训是有区别的。"

·职业培训和专项培训的区别·

企业给劳动者提供的培训分为职业培训和专项培训。职业培训和劳动者所从事的岗位技能有关，其目的是提高劳动者的劳动技能和劳动效率，职业培训不能约定违约金。专项培训是为了使劳动者能胜任更有专业性的工作，让劳动者得到职场价值和专业价值的提升，专项培训可以约定违约金。相关规定可参见《劳动合同法》第22条。

富贵说："总之呢，培养人才肯定会有风险，但是总不能因为风险而裹足不前，赶紧安排二毛去培训吧！"

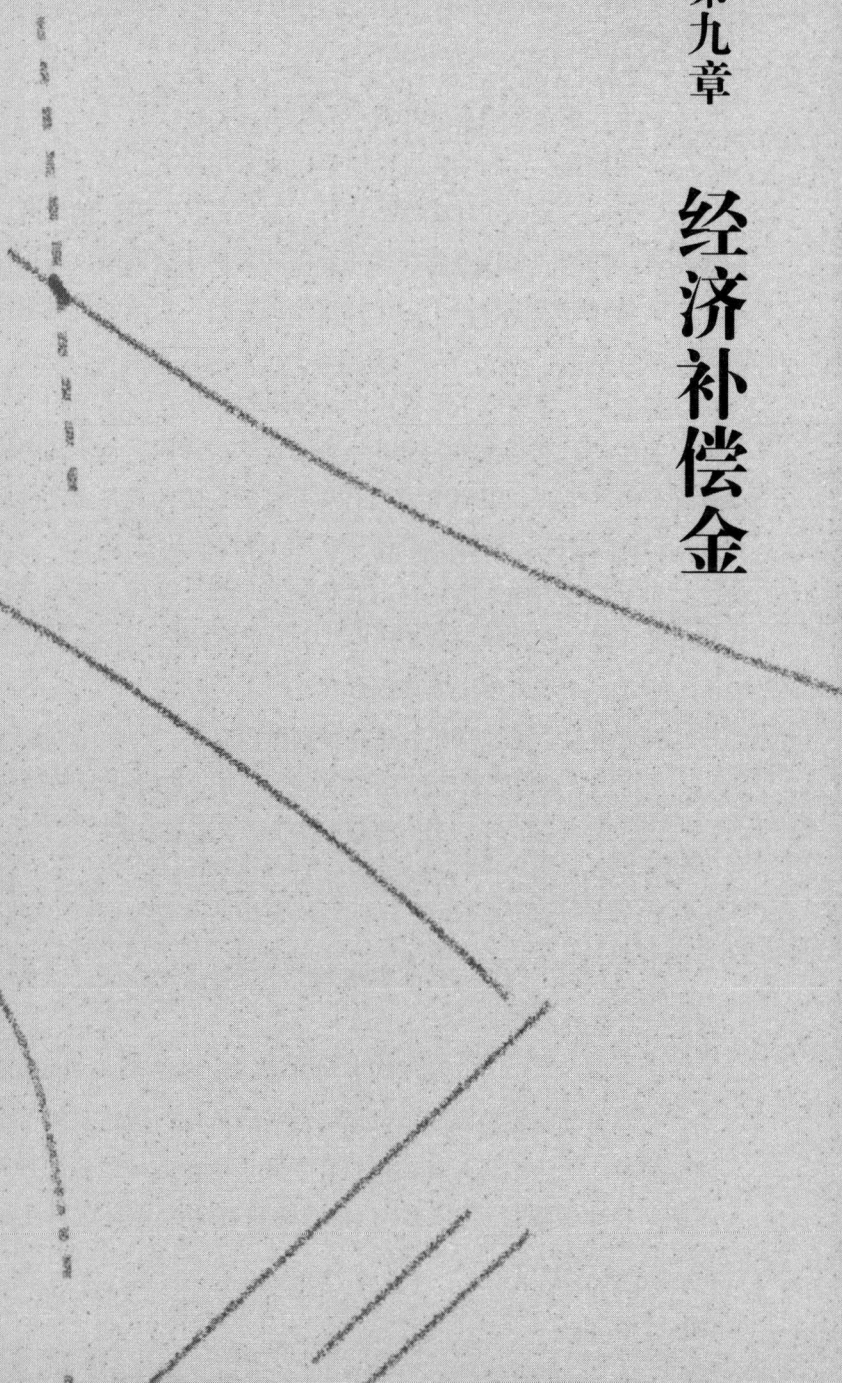

第九章

经济补偿金

一

人生，总会有很多悲欢离合的故事。

二毛很伤心，因为宝生说他要去南方闯荡了。

二毛问宝生出于什么原因离开，宝生告诉二毛，他的劳动合同到期了，而车间主任老刘在续签合同的时候不让他做设备操作工作了，而是让他去做检修工，这让宝生很生气，于是就没有跟厂里续签劳动合同。

宿舍里，宝生跟二毛叙述自己辞职的事儿。

宝生说："我都来厂里3年多了，这次离职，也不知道能不能拿到经济补偿金，但老李说我是拿不到的，因为我是主动辞职。我不知道他说的对不对，你帮我分析下。"

二毛说："宝生啊，这事儿我帮不了你。不过，我可以带你去找小芳，她一直在学习劳动法。"

于是，二毛带着宝生来到食堂。

一进食堂，就发现小芳正在食堂里擦桌子。

二毛赶紧过去把小芳手中的抹布抢了下来，搞得小芳很不好意思。

"你歇一会儿吧，宝生要跟你咨询点儿法律问题。"

宝生跟小芳说了自己提经济补偿金的要求，被老李拒绝的经过。

小芳对宝生说："虽然你选择了不续签劳动合同，但是厂里应该支付经济补偿金。"

宝生说："小芳，我昨晚上网查了，发现和我一样的情况还不少呢，很多网友也是因为单位调岗而被迫辞职。但是对能否拿到经济补偿金却说法不一。有的说只有降低工资待遇导致劳动者离职，才能向企业要求经济补偿金；有的说只有调岗具有惩罚性和侮辱性，才能拿到经济补偿金，可我好像哪个都沾不上。"

小芳说："虽然厂里没有降低工资，也不属于侮辱性调岗和惩罚性调岗。但是，在劳动合同期满后，厂里并没有维持或者提高劳动条件，这种情况下你是可以拿到经济补偿金的。这在劳动合同法第46条有明确规定。"

宝生说："那是不是说，要是厂里还是按照我之前的设备操作岗位跟我签合同，待遇也不降低，但我拒绝续签劳动合同，那我就拿不到经济补偿金；但厂里却给我调整为检修工，即使待遇不变，那我依然可以拿到经济补偿金。"

小芳说："是这样的宝生。"

"那太好了。还有，厂里得按照什么标准给我经济补偿金呢？"

小芳说："满1年1个月。"

· 经济补偿金支付标准 ·

《劳动合同法》第47条规定，经济补偿按劳动者在本单位工作的年限，每满1年支付1个月工资的标准向劳动者支付。6个月以上不满1年的，按1年计算；不满6个月的，向劳动者支付半个月工资的经济补偿。

劳动者月工资高于用人单位所在直辖市、设区的市级人民政府公布的本地区上年度职工月平均工资3倍的，向其支付经济补偿的标准按职工月平均工资3倍的数额支付，向其支付经济补偿的年限最高不超过12年。

宝生兴奋地说："我听明白了，那我明早就去找老李，好好跟他评评理。"

二

富贵新买了一辆小汽车，正准备开车去县城办事儿，被老李给拦住了。

富贵摇下车窗，探出头对老李说："老李啊，我去一趟县城，有啥事儿明天再说吧！"

老李说："老板，这事儿非常着急啊！"

富贵无奈地说："好吧，那就先说说你的事情。"

老李坐上了富贵新车的副驾驶，跟富贵汇报了宝生提出不续签劳动合同并要求厂里支付经济补偿金的事儿。

"他不是自己要辞职嘛，为什么要支付他经济补偿金呢？"富贵不解。

老李说："我本来和您的看法一致，但是昨晚查了下经济补偿金的法律规定，才知道我是错的！"

"错在哪里了，说说看。"富贵很好奇。

老李说："是这样的，宝生虽然自己提出不续签劳动合同，但辞职原因在于车间准备给他调岗，不让他继续干设备操作工了。"

富贵说："那他的工资降了吗？"

老李说："工资倒是没有降低，还是按照劳动合同所约定的工资待遇。"

富贵说："那我们没有给他降低待遇，他却提出辞职，这种情况下支付经济补偿金没有理由吧？"

老李说："在续签劳动合同的时候，厂里没有按照原来的工作岗位跟宝生续签，这样宝生不愿意。"

富贵说："调岗不降薪，难道还需要本人同意？"

老李说："老板，我昨晚一晚上没睡，都在研究这事儿，最后发现厂里确实要支付给宝生经济补偿金啊。"

富贵说："我说你怎么眼睛红红的，看来为厂里的事情确实鞠躬尽瘁了。"

老李说："士为知己者死，为了老板，我心甘情愿呀！"

富贵感动地哭了起来。

老李说："老板别哭啊，我还得跟您告一状。"

富贵问："你打算告谁呢？"

老李说："老刘！他让自己的外甥接替了宝生的设备操作工岗位。"

富贵生气地说："这老刘，昨天还信誓旦旦地跟我说在用人的问题上，绝不任人唯亲，怎么人前一套背后一套呢！老李，你去跟老刘说，把他外甥赶紧辞了，要不就把他辞了。"

老李说："老板，小不忍则乱大谋，老刘这人还是挺能干的，每天在车间都加班加点，任劳任怨，所谓人无完人，再说现在是我们的生产旺季，不要因小失大啊。"

富贵说："那我们就眼睁睁看着老刘任人唯亲置之不理吗？"

老李说："老板，您可以发个'公平奖'给老刘，让他感觉羞愧，一羞愧，他就要通过努力工作来消除他的羞愧感，这样对厂里是存百利而无一害啊。"

富贵诧异地说："你从哪里学的这些乱七八糟的知识呢？"

老李变魔术一般从身后拿出一本书，富贵一看书名——《管理学花招大全》。

富贵叹了口气说："人在江湖身不由己，就按你说的办吧！不过呢，尽力挽留下宝生，承诺给他安排更好的岗位。"

老李说："好的老板，我这就跟宝生去说。如果宝生不同意，就给他经济补偿金。"

富贵说："去吧，还是尽量挽留他。"

老李打开车门，走下了汽车，关上门时对富贵说："老板，您这新车太帅了，啥时候让我跟它合个影啊？"

富贵豪爽地说："哈哈，等我回来，带你去兜风。"

老李开心地说："好嘞，谢谢老板。"

当小汽车缓缓走出厂门那一刻，富贵心想，管理的原则是什么，到底有没有绝对的对和错呢？

三

宝生正在宿舍收拾东西，老李走了进来。

宝生看老李来找自己，赶紧说："稀客啊，李经理怎么来看我了？"

老李对宝生说："宝生啊，咱们相处有两年多了，感情还是很深的，我为了你走这事儿，昨晚哭了很久呢。"

宝生感动地说："人走茶不凉，我会经常给您打电话的。"

老李说："老板和我的意见呢，还是希望你留在厂里，还会给你安排更好的岗位。"

宝生叹了口气，说："决定了的事情，就不再走回头路了。您就不要留我啦。"

老李说："好吧，那就不留你了，山高路远，一路珍重！"

宝生开始做工作交接，把工作服和工具都交还给了车间。

办完了离职手续后，宝生顺利地拿到了工资和经济补偿金。

为了给宝生践行，二毛请宝生吃饭。

一个小饭馆，几个小菜，一瓶白酒，俩人对月小酌。

宝生说："二毛，这次拿到了经济补偿金，多亏你和小芳的帮忙啊！"

"小事儿，都是小事儿。"二毛虽然嘴上轻描淡写，但是心里很是自豪。

宝生说："我这几天看了一个案例，有个厂子为了不给员工经济补偿金，就让员工写一个声明，声明无论任何情况离职，都免除企业支付经济补偿金的责任。"

二毛说："这个自愿放弃的声明应该是合法的，毕竟你情我愿嘛。"

"你错了，二毛，这是违法的。"宝生露出很自豪的神情。

·经济补偿金能否协议免除·

经济补偿金是对劳动者工作年限的补偿，在劳动者无过失并解除劳动合同时，企业要一次性补偿给劳动者。经济补偿金具有义务、强制和法定性质，既体现了对劳动者的保护，也体现了企业应承担的责任，不能通过协议免除。《劳动合同法》第26条第1款第2项规定，下列劳动合同无效或者部分无效：……（2）用人单位免除自己的法定责任、排除劳动者权利的；

二毛眼睛睁得大大的，对宝生说："都说士别三日当刮目相待，咱哥俩同吃同住，你怎么进步这么快啊？"

宝生说："还不是受小芳影响，看她把劳动法讲解得头头是道，我也要开始学了。上面说的都是我从书上背下来的。"

二毛端起酒杯，对宝生说："为你的进步干杯。"

宝生也端起酒杯，说："也为知识干杯。"

宝生告诉二毛，他去南方的厂子，是去投奔他的哥哥，那边的厂子很大，待遇也不错。

二毛说："宝生，好好干，你一定会成功的。"

俩人喝了不少的酒，说了很多心里想说的话。

二毛对宝生说："唉！此一别，不知何时再见。"

宝生说："山不转水转，我们会再见面的。"

曲终人散终有时，聚散自有期。

第二天二毛下班回到宿舍，发现宿舍里只剩下自己了。

二毛叹了口气，突然感觉挺孤单的。

于是，二毛寂寞地躺在床上，看着天花板。

二毛想，再也不会有人对自己说：出去喝酒吧，喝完啥都忘了；再也不会有人鼓励自己：不怕，我们还年轻；再也不会有人酒后搂着自己肩膀问别人：看，我们哥俩谁更帅？

四

富贵兑现了自己的承诺，开车带着老李去兜风，还带上了小明。

富贵对俩人说："感觉我的驾驶技术如何啊？"

老李说："老板开车就像做事儿，四平八稳。"

"难道没魄力吗？"富贵表现出不高兴的样子。

小明说："稳中求进，说明我们厂的发展稳健，底盘扎实。"

老李说："就是，说明老板不冒进，不激进嘛。"

富贵笑了笑，说："这话我爱听。现在很多企业都是吃了冒进的亏啊！"

富贵回头对小明说："小明啊，这次宝生离职，老李跟我说了给他经济补偿金的事儿，但我对经济补偿金还是一头雾水啊！"

小明把头探到前面，对富贵说："上次给宝生支付经济补偿金的事儿我也知道了，我觉得老李还是分析得非常正确的。"

老李开心地笑了起来。

人就是这样，需要别人的认可，需要别人的鼓励。

富贵说："求知欲望很强的我还是希望你再给我讲讲啊。"

小明说："老板爱听，我当然愿意讲了。那就从经济补偿金的计算说起吧。"

·经济补偿金的计算方法·

《劳动合同法实施条例》第27条规定，劳动合同法第47条规定的经济补偿的月工资按照劳动者应得工资计算，包括计时工资或者计件工资以及奖金、津贴和补贴等货币性收入。劳动者在劳动合同解除或者终止前12个月的平均工资低于当地最低工资标准的，按照当地最低工资标准计算。劳动者工作不满12个月的，按照实际工作的月数计算平均工资。

老李说："小明啊，我给宝生计算的经济补偿金把给他的奖金和补贴都算进去，我还担心厂里吃亏呢？"

小明说："你的计算方法没问题。"

老李说："本来我的心就像万马奔腾一样，你这么说，我才算踏实下来。"

富贵笑着说："虽然你很夸张，但是我喜欢你这么表达。"

老李问小明："你之前说过年终奖的性质，那经济补偿金在计算上是否包括年终奖呢？"

小明说："除非企业和劳动者对年终奖有约定，否则就不包括年终奖。"

老李说："那我就明白了。"

富贵又问："哪种情况下，员工能拿到经济补偿金呢？"

老李说："正好我随身带着劳动法书籍，还是老板送我的呢。"

富贵说："别念法条，还是听小明讲吧。"

小明说："根据《劳动合同法》第46条，我归纳了几种劳动者应该得到经济补偿金的情形。"

"第一种情形，用人单位存在过错而劳动者主动提出解除劳动合同的。"

老李说："根据你刚才说的，我来说个案例吧。"

二毛在富贵砖厂工作，但砖厂每个月都不按时发工资，还不给二毛上社保。虽说包食宿，但是总吃不饱，老板富贵还经常对员工说："要学会勒紧裤腰带，这样才能忘记饥饿。"二毛受不了，于是向砖厂提出辞职。

富贵说："勒紧裤腰带，这话我只是对自己说过，激励我有钱不能忘本，对员工可没说过这话。"

小明说："厂里不按时发工资而导致二毛辞职，这个应该得到经济补偿金；但因为吃不饱而辞职，这个二毛不好举证。"

富贵说："这也好举证，二毛拿着进厂前的照片和进厂后的照片对比一下，不就可以了吗？"

老李说："应该不行，即使二毛瘦了，也可能是因为二毛减肥、失恋什么的！"

富贵问："那因为社保未缴纳而辞职，能拿到经济补偿金吗？"

小明说："这个要区分情况，如果企业是主观恶意不给员工缴纳社会保险，导致员工离职的话，企业需要支付。如果企业因社会保险的计算问题，导致给员工提供的社会保险未足额缴纳的话，员工可以向社保稽查部门举报，申请补缴，但无法主张经济补偿金。这个可以参考下《上海市高级人民法院关于适用〈劳动合同法〉若干问题的意见》第9条规定。"

老李说："非常感谢小明的讲解，非常透彻。"

富贵说："我早说过，小明解释劳动法就像'庖丁解牛'一样。"

小明说："老板啊，这太夸张，我可不敢当呀。"

老李说："就当鼓励，也当鞭策吧！"

小明说："好吧，那我该说第二种情形了，用人单位和劳动者协商一致解除劳动合同的。"

老李说："这叫一致商议解除，确实要支付经济补偿金。"

富贵说："对，这叫好聚好散。"

小明说："第三种情形，劳动者因客观原因无法从事原工作或者能力不能胜任工作的，劳动合同订立时所依据的客观情况发生重大变化双方无法达成一致的。"

小明接着举了下面的例子：

设备操作工二毛因病进入医疗期，医疗期满后，二毛又犯了痔疮，还是上不了班。另外，厂里设备升级改造，设备全部更新为进口设备，二毛也看不懂英文说明书。于是，厂里给他调到搬砖岗位，但二毛适应不了工作强度，于是厂里和二毛解除了劳动合同。

老李说："这个例子说明的重要一点在于二毛不适应原岗位，经过调岗，二毛仍然不能适应，这样解除劳动合同是要给二毛经济补偿金的。"

小明说："回答得非常正确。但是，还有一个很重要的细节要注意，如果厂里对二毛进行合理性调岗，而二毛拒绝，这样解除劳动合同，厂里可以不支付经济补偿金。"

富贵说："没错，这叫你不仁，我也不义。"

老李说："到底什么才算客观情况发生重大变化呢？"

小明说："大致来说：企业经营困难，企业为了市场调整经营方向；自然灾害；受政策原因导致企业搬迁、改制、重组，这些属于劳动合同订立所依据的客观情况发生重大变化。但是，对于企业出于自身原因搬迁、业务重组就不属于客观情况发生重大变化了，如果因此解除劳动合同，还是要向员工支付赔偿金的。"

老李叹了口气说："怪不得人家都说：经营企业就像在冰上行走，稍有不慎，就有可能掉下去。"

富贵说："你说的就是'如履薄冰，战战兢兢'，看来你也很有同感啊！"

老李说："从我老婆大梅的熟食店就能看出来，太不容易了。这样，我还是用一首诗来形容做企业的艰难吧！"

富贵说："好啊，我最喜欢听诗了，唐诗三百首我还经常背呢！"

老李说："我的诗和唐诗还是稍有不同的。"

小明说："老李的诗，竖起耳朵听吧。"

老李说："这话怎么听着别扭。"

小明说："就是说，要认真地听。"

于是，老李开始吟诗一首："市场竞争多残酷，稍有不慎难挺住。员工工资年年涨，总有顾客来投诉。"

富贵说："诗是好诗，但顾客投诉，总是有问题的，还是从产品和服务方面找找原因的好。"

小明说："该说第四种情形了，企业依据破产程序规定进行重整。"

富贵问："企业如果破产了，拿什么支付经济补偿金呢？"

小明说："分情况，对大企业来说，即使破产了还是有一定的资产，所谓瘦死的骆驼比马大嘛。"

老李问："我听说破产债务是有偿还顺序的，经济补偿金的顺序是在前面还是后面呢？"

小明回答说："对于破产企业来说，破产债务和共益债务清偿之后，就要向职工支付这些员工的各项费用了，包括工资、社会保险、工伤赔偿、经济补偿金等。"

富贵说："唉，看来企业一定要好好经营，否则企业倒了，员工失业了，还给社会增加了负担。"

小明说："老板的社会责任感很强，这才是个有担当的企业家。"

老李说："我早说了，老板是个胸怀世界的人。"

小明说："再说下第五种情形，除用人单位维持或者提高劳动合同约定条件续订劳动合同，导致劳动者不续签的情形外，劳动期满的。"

老李说："这不就是宝生的例子嘛，老刘不让他干设备操作工了，让他去搬砖，导致了宝生合同到期离职。"

富贵说："宝生的事情也让我反思了管理方面的问题呀！"

小明说："最后一种情形，企业被吊销执照、关闭、撤销、解散，也要支付经济补偿金给劳动者。"

富贵说："企业这么倒霉了还要支付经济补偿金，那岂不是雪上加霜嘛。"

小明说："没办法，因为企业让劳动者失业了，就相当于夺走了穷人手中最后一块窝头，肯定是要补偿的。"

富贵说："把最后一块窝头都夺走了，确实很惨。"

老李说："那我来总结下，小明刚才说的几点吧！"

·企业支付经济补偿金的情形有哪些·

1. 企业存在过错或违法情形导致劳动者离职的。

2. 双方协商一致解除劳动合同的。

3. 劳动者患病或者非因工负伤，在规定的医疗期满后不能从事原工作，也不能从事由企业另行安排的工作，企业与其解除劳动合同的。

4. 劳动者不能从事原工作或者不胜任工作，经过调岗或培训仍不胜任工作，企业与其解除劳动合同的。

5. 劳动合同订立时所依据的客观情况发生重大变化，经企业与劳动者协商，未能就变更劳动合同内容达成协议，企业与其解除劳动合同的。

6. 企业依据破产程序进行重整的。

7. 企业未提高或维持原劳动条件，导致劳动者不续签劳动合同的。

8. 企业被吊销营业执照，以及关闭、注销、解散的。

具体可参见《劳动合同法》第 36、38、40、41、46 条规定。

富贵边开车，三人边聊天，不知不觉，到了县城。

富贵指着一个显得很有档次的饭店对二人说："这个酒楼的菜还是不错的，眼看到中午了，咱们就在这吃饭吧！"

小明感慨地说："老板真是太好了，开车带着我们兜风还管饭。"

老李说："老板这么好，我又想赋诗一首。"

富贵边停车边说："老李啊，你的打油诗确实不错，赶紧说说。"

老李开始吟诗一首："富贵老板人自强，为人豪爽又善良。成功之后不忘本，带着下属品菜香。"

小明说："真是一首好打油诗啊。"

"为了你的即兴创作，给你加两个好菜！"富贵边说边打开了车门。

老李兴奋地说："那我可不客气，先去点菜了。"于是，老李一溜烟跑进了饭店。

第十章　劳动合同解除

　　小罗准备辞职了，他和车间主任老刘发生了矛盾。原因是车间组织了一次联欢晚会，老刘安排有文艺特长的员工编排节目。小罗自我感觉唱歌不错，就向老刘申请个人独唱，但被老刘婉拒。

　　老刘笑着对小罗说："小罗啊，你的心意我们都领了，但唱歌就算了。你一唱歌，大家的汗毛都会竖起来。"

　　小罗很生气，整个晚会都不开心。

　　晚会后，他找到二毛诉苦："我本想通过歌声来表达我对大家的爱，老刘居然拒绝了我，这让我太伤心了。"

　　"小罗，你虽然五音不全，唱歌难听，但这次是老刘不对。"

　　"可不嘛，他还老说为兄弟两肋插刀呢！"小罗显得很生气。

　　"忍受一下你的歌声，这才是好兄弟应该做的。这样小罗，等周末咱俩去卡拉OK，我听你唱一晚上。"

　　"二毛，你才是我的好兄弟。"二毛一番话让小罗眼里泛起了泪花。

　　"别客气，咱们是好兄弟嘛！"

　　小罗说："我不想和这么虚伪的人一起工作了，我要辞职。"

　　"你不要赌气嘛，现在厂里的待遇也不错，上次培训都安排你去了，说明厂里还是重视你的。"二毛安慰小罗说道。

　　"我知道冲动是魔鬼，但还是抑制不住。我只是有一个担心，辞职了能不能拿到经济补偿金。"

　　"要不这样，我带你找小芳去，让她给你分析下。"

　　二毛带着小罗往食堂走，正赶上小芳从食堂出来。

　　二毛欣喜地说："妹妹，帮小罗解答下劳动法问题吧！"

　　小芳笑着说："解答没问题，但得看我会不会。"

　　小罗说："一定要会啊，要不就没人帮我了。"

小罗把老刘拒绝他在晚会一展歌喉的事情告诉了小芳。他对小芳说："我现在有两个疑问，首先，我现在辞职的话，能不能拿到经济补偿金；还有，厂里的工具箱在我的手里，我想等把我的加班费解决了再给厂里交回去，不知道这算不算违法。"

小芳对小罗说："先回答你第二个疑问。"

·劳动者能否行使物权留置权·

在日常劳动纠纷中，一些劳动者因为报酬纠纷而留置企业财物，但这种留置并不属于有权占有，因为因报酬产生的纠纷和留置企业所有的物权并不属于同一法律关系。《民法典》第448条规定，债权人留置的动产，应当与债权属于同一法律关系，但是企业之间留置的除外。

对于劳动者留置企业财物，企业有权要求劳动者返还。如果劳动者因留置企业财物影响企业生产经营，从而导致企业受到损失，企业还可以要求劳动者作出相应赔偿。

小罗说："好险，差点儿干了不合法的事儿。还有，我现在辞职的话，能拿到经济补偿金吗？"

小芳回答："如果劳动合同没有到期的话，你因为未展歌喉而辞职是拿不到经济补偿金的，因为不符合单方解除劳动合同的条件。"

·劳动者单方解除劳动合同情形·

《劳动合同法》第38条第1款规定，用人单位有下列情形之一的，劳动者可以解除劳动合同：（1）未按照劳动合同约定提供劳动保护或者劳动条件的；（2）未及时足额支付劳动报酬的；（3）未依法为劳动者缴纳社会保险费的；（4）用人单位的规章制度违反法律、法规的规定，损害劳动者权益的；（5）因本法第26条第1款规定的情形致使劳动合同无效的；（6）法律、行政法规规定劳动者可以解除劳动合同的其他情形。

小罗挠了挠头说："上面这些情况，厂里目前好像都没有啊！"

二毛说："我劝你不要辞职了，万一辞职了找不到合适的工作，那不就惨了嘛！"

小罗想了想，说："二毛，你说得非常对，我还是忍忍老刘吧。"

"好好干，争取将来当上车间主任，把老刘的位置抢下来。"二毛鼓励小罗。

二

老李敲开了富贵办公室的门，看见小明也在。

老李说："正好小明也在。有两个员工的劳动合同到期，因为他们的表现不好，我不打算跟他们续签了。"

富贵说："管理员工本身就是优胜劣汰的过程，所谓流水不腐户枢不蠹嘛！"

"哪两个人呢？"小明很好奇。

老李说："车间小陈和保安老赵的合同都快到期了，这俩人都不想续签了。"

小明说："我看这俩人还是不错的，小陈每天都笑眯眯的；保安老赵老是跟黑摩的司机吵架，也很尽责嘛。"

老李说："这个小陈吧，上班无精打采的，工作不认真。老刘在喊鸡汤口号，他在下面睡觉，睡醒了还说'众人皆醉我独醒'。"

富贵摇摇头说："这就太不对了，总得给老刘点儿面子嘛！"

老李说："还有保安老赵，他经常上班的时候打瞌睡，还喜欢骂人和吹牛，影响非常不好。我说他几句，他就说他的祖先是赵匡胤，还说老板是他亲戚，不服他的话就让老板开除我。"

富贵说："我们确实沾点儿亲，他是我表舅的表姐夫的大妹夫的大表兄。如果照他的说法，我也跟赵匡胤是亲戚了。不过都不要管他，该辞就辞，不要姑息。"

老李说："小明帮我分析下，他们应该怎么处理。"

小明说："那您说说他们的劳动合同情况。"

老李说："车间小刘，厂里跟他签了一次劳动合同，马上到期；保安老赵，厂里已经跟他签了两次劳动合同了。"

富贵说："这说明一个问题，咱们的考核不严格，咱们明年采取'评分制'怎么样，把分数最低的直接辞掉，就不用等到劳动合同到期了。"

老李说："老板，您太健忘了，您说的是末位淘汰，是违法的呀！"

小明说："对小刘来说，要在合同到期前1个月提出不续签的书面通知；同时，根据《劳动合同法》第44条规定给予他一个月的经济补偿金。"

老李说："关键是他的劳动合同还有3天就到期了。"

小明说："那就要支付他1个月的代通知金了。"

富贵说："那就按照这个办吧，支付给小陈代通知金，就不跟他续签了，再告诉他，等他的毛病都克服了可以再回富贵砖厂，我们依然欢迎他。"

老李说："还有保安老赵，厂里已经跟他签了两次劳动合同了，他这种情况，我们必须跟他签订无固定期限劳动合同吗？"

小明说："这个问题我也不大好回答。"

"怎么还把我们的法律小能手给难住了呢？"老李表示诧异。

小明说："从《劳动合同法》第14条第2款来看，企业与劳动者连续签订了两次固定期限劳动合同，劳动者也没有出现《劳动合同法》第39条，第40条第1项、第2项所规定的情形，除非劳动者提出订立固定期限劳动合同，否则用人单位必须与劳动者签订无固定期限劳动合同。目前这也是多数的观点。"

富贵说："那企业也太可怜了吧，签了两次劳动合同，第三次没有选择权不说，还必须签无固定期限劳动合同。"

小明说："老板说得没错，但也有不同的观点，认为劳动合同既然终止，那么企业也应该有选择权。"

富贵问："那我们应该怎么办呢？"

小明说："这个问题，我看了很多实际案例，发现也是存在不同裁判意见的。"

老李说："那如果以《劳动合同法》第14条为准，保安老赵就辞不掉了呀！"

富贵说："既然合同到期，企业就应该有权选择。牛不喝水强按头，这也是不合适的，法律这么规定，我有些不理解。"

小明说："不跟保安老赵续签劳动合同的话，风险还是有的，万一他申请劳动仲裁，厂里支付终止劳动合同赔偿金的可能性还是很大的。"

富贵顿了下茶杯，豪迈地说："风险该承担就承担，官司输了也不怕，毕竟我们没做坑害员工的事情。老李，你去通知老赵吧，说厂里决定不跟他续签了，让他看着办。"

老李竖起大拇指说："老板果断，是个干大事儿的企业家。"

小明说："老板有种'当阳桥上一声吼，吓退曹军百万兵'的气势啊。"

富贵把手一摆，说："张飞这个高管的结局也不大好，还是不要和他比了。"

三

老李走进了小明的办公室。

小明笑着说："您又遇到辞退员工的难题了吧！"

"你还真是神机妙算，不过你是怎么猜到的呢？"

"我经过您办公室时，听您在唱'我送你离开，千里之外，你无声黑白'。"

"从歌声能猜出我的心声，你简直让我震惊啊！"

"人的心事从各个角度都能观察出来，这属于心理学内容，不过还是说下啥事儿吧！"

"事情是这样的：3个月前，我招了一个员工进来，刚来第一天，就跟他签了劳动合同。但问题是劳动合同刚签完，他就不来上班，3个月一直没来，就像徐志摩诗中说的一样，他悄悄地来，又悄悄地离开，没带走一丝云彩。"

"那您没通知他上班吗？"

"这确实是我的问题，我今天整理劳动合同，才想起曾经有这么个员工。这种情况有法律风险吗？"

"没啥风险，因为他没提供劳动，说明劳动关系还没建立。"小明显得很平静。

· 劳动关系的建立条件 ·

《劳动合同法》第7条规定，用人单位自用工之日起即与劳动者建立劳动关系。用人单位应当建立职工名册备查。

劳动者和企业建立劳动关系后，劳动者成为企业的一员，参加企业的生产劳动，接受企业的劳动规章制度管理；而企业需要提供工作条件，按照劳动者的劳动给付报酬，给劳动者提供社会保险等福利待遇。

"可是劳动合同依然存在啊！"老李还是感觉很疑惑。

"劳动合同在，但厂里和他并没有形成事实上的劳动关系。除非厂里阻止他来上班，那他就可以追究厂里的违约责任了。"

"我就是怕他拿着劳动合同告我们，说我们不缴纳社会保险，不给他提供工作什么的。"老李拍了一下自己的大腿。

"如果担心的话，你立即给他发一份催岗函，不回来，再发一份《解除劳动合同通知》，就没有任何风险了。"

"那我赶紧写个催岗函，把他一直不来工作的情况写清楚，并告知他三天不来报到的话，按辞退处理。"

"就是这个意思。"小明笑了笑。

"我还有一个问题，如果他已经提供了劳动，比如说上班一个月，之后不来上班了呢？"

"如果他已经提供了劳动之后又长期不来上班，而企业对他也没做任何通知，这在法律上被称为'长期两不找'。"

说话间，富贵走了进来。

富贵问："什么是'长期两不找'，和老死不相往来有区别吗？"

小明笑着说："区别太大了。"

老李问："'长期两不找'，那他能要工资吗？"

小明说："根据《劳动法》第46条规定，工资分配应当遵循按劳分配原则。劳动者没有正当的理由不上班，并没有为企业提供劳动，当然没有权利主张劳动报酬了。"

富贵说："那小明还是好好说说这个'长期两不找'。"

小明说："没问题。"

·什么是"长期两不找"·

"长期两不找"是指企业和劳动者之间的劳动合同虽未解除，但是双方已互不履行义务，劳动者未提供劳动，企业也未提供任何福利待遇给劳动者。造成"长期两不找"的原因很多，大多属于历史遗留问题。在"长期两不找"期间，双方劳动法上的权利义务长期不履行，故双方不存在劳动关系。

听完小明的解释，富贵转头对老李说："咱们厂可坚决不能出现'长期两不找'的情况啊。"

四

临下班时，老李和小明来到富贵办公室。

老李对富贵说："老板啊，又遇到个棘手的事情，车间维修工老陶，工作表现非常不好，经常请假。后来发现，他居然跑到富豪砖厂干兼职去了。"

"这可让人太生气了，我们给他开着工资，上着社保，他居然跑到竞争对手那里干活，这简直是太没职业道德了。"富贵听完，显得很生气。

老李说："岂止没有职业道德，简直没有良心。去年，车间还把他评为优秀员工呢！"

老李转头对小明说："小明啊，我有一点儿担心。"

小明问："什么担心呢？"

老李说："说实话，我想给他辞了，可他明年就退休了，我担心会有麻烦。"

富贵说："小明说过，穷人手中最后一块窝头不能抢走，我们如果在他马上退休时候给他辞了，这算不算违法呢？"

小明笑了笑说："他虽然快退休了，但不属于不得解除劳动合同的情形。"

·不得与劳动者解除劳动合同情形·

《劳动合同法》第42条规定，劳动者有下列情形之一的，用人单位不得依照本法第40条、第41条的规定解除劳动合同：（1）从事接触职业病危害作业的劳动者未进行离岗前职业健康检查，或者疑似职业病人在诊断或者医学观察期间的；（2）在本单位患职业病或者因工负伤并被确认丧失或者部分丧失劳动能力的；（3）患病或者非因工负伤，在规定的医疗期内的；（4）女职工在孕期、产期、哺乳期的；（5）在本单位连续工作满15年，且距法定退休年龄不足5年的；（6）法律、行政法规规定的其他情形。

老李说："他虽然离法定退休年龄不足5年，但没有在厂里干满15年，看来把他辞了没事儿。"

小明说："当然没事儿，不过，他这也算晚节不保啊！"

富贵说："可不嘛，临退休了还不想给厂里留一个好印象。"

老李说："那我就告诉老刘，准备好证据，证据一旦到手，我就给他下《解除劳动合同通知书》。"

"老李，还是要详细了解下情况，他冒着被辞退的风险，给富豪砖厂干私活，这事儿听起来不符合常理呀。再说，咱们把他辞了，他到哪里去找工作呢？"

老李说："老板啊，您太善良了，我想给您讲个农夫和蛇的故事。"

富贵说："这个故事我听过，它告诉我们，做人可以善良，但不能愚昧。"

小明说："老板总结得好，还有东郭先生和狼的故事，也是这个意思。"

富贵说："老李还是先了解下情况吧，万一是老陶家庭困难，不得已而为之呢？"

老李挠了挠头，说："好吧老板，听您的。还有，您想不想听听和小陈、老赵不续签劳动合同的沟通结果呢？"

"当然想了，他们都什么反应啊，是不是离开了富贵砖厂都很伤心呢？如果伤心的话，你安慰了没有？"

老李说："这倒没有，他们好像都不需要我安慰。车间小陈跟我说，他本来就不想续签合同，只是想等着厂里跟他提，这样才能拿到经济补偿金。"

富贵生气地说："这样心思缜密的人，离开也罢。"

小明说："这样的员工不能留，心眼儿太多啦。"

富贵问："那保安老赵有什么反应呢？"

老李说："保安老赵还是很生气的，他说老板简直六亲不认，本打算春节给您送两只老母鸡去，但决定不和您来往了，让您再也不要找他了，还让我转告您几个字。"

"哪几个字呢？"富贵很好奇。

"相见不如怀念。"

富贵苦笑着说："做企业千万别做家族企业，麻烦太多。不过，你们看我有没有点儿挥泪斩马谡的味道呢？"

小明说："应该是快刀斩乱麻。"

老李说："我感觉啊，应该叫慧剑斩亲情。"

五

老李叫上小明，一起来到富贵办公室。

老李说："老板啊，我想让小明给我们讲讲关于辞退员工的法律知识，包括我们应该注意哪些法律问题，您看您的时间是否方便？"

富贵说："劳动法无小事儿，挤出时间也要学习。"

老李说："那小明你就给我们讲讲吧。"

富贵热情地拿出一包茶叶，对二人说："我来泡一壶好茶，坐下来慢慢说。"

老李闻了闻味道，说："西湖龙井，真是好茶啊！"

富贵说："老李还是个很懂茶的人嘛，碧螺春、龙井都能识别出来。"

老李得意地说："当然，我还会吟'欲把西湖比西子，淡妆浓抹总相宜'呢！"

富贵说："小明啊，赶紧说说劳动合同的解除。"

小明说："那我就开始讲了。劳动合同的解除分为三种，分别是过失性解除、非过失性解除和经济性裁员。我先来说下第一种吧。过失性解除指的就是劳动者存在过失，而企业行使劳动合同单方解除权。这在《劳动合同法》第 39 条有规定。"

·企业解除劳动合同法定情形·

《劳动合同法》第 39 条规定，劳动者有下列情形之一的，用人单位可以解除劳动合同：（1）在试用期间被证明不符合录用条件的；（2）严重违反用人单位的规章制度的；（3）严重失职，营私舞弊，给用人单位造成重大损害的；（4）劳动者同时与其他用人单位建立劳动关系，对完成本单位的工作任务造成严重影响，或者经用人单位提出，拒不改正的；（5）因本法第 26 条第 1 款第 1 项规定的情形致使劳动合同无效的；（6）被依法追究刑事责任的。

富贵说："法条太复杂了，根本记不住。小明啊，你还是举个例子吧！"

小明举了下面的例子：

二毛在富贵砖厂工作。试用期内，厂里就发现了二毛很多问题：不好好干活；上班打架，严重违反了厂里的规章制度；在厂里偷了两车砖给老乡；还偷偷跟富豪砖厂签了劳动合同，老李劝也不听，还骂老李。

老李说："这不说的是《劳动合同法》第39条的前4款嘛。"

小明说："是的，确实对应了《劳动合同法》第39条的前4款规定。目前从过失性解除来看，企业常用的就是因劳动者严重违反规章制度而解除劳动合同，所以说规章制度非常重要。"

富贵说："是啊，好制度才能塑造出好员工嘛！"

小明说："还要提下《劳动合同法》第26条第1款第1项，就是以欺诈、胁迫的手段或者乘人之危订立的劳动合同，出现这样的问题，企业也会理所当然地解除。"

富贵问小明："劳动者做到欺诈这个我理解，比如拿假的学历来骗企业，怎么还能做到胁迫或者乘人之危呢？"

小明说："凡事都有可能，我还是举例说吧。"

二毛到富贵砖厂面试，老李觉得二毛工作经验不足，当场就拒绝录用。二毛很生气，就用腰带勒住老李的脖子，问老李能不能录用，老李连声点头说："放开手就签合同。"于是二毛放开手，老李和二毛签订了劳动合同。

老李赶紧说："二毛勒住我脖子，威胁我，这确实是胁迫。"

小明又举了下面的例子：

二毛到富贵砖厂求职被拒，郁闷的他走到了富贵砖厂附近的河边，突然发现老板富贵也在河边溜达。二毛说了句："常在河边走，哪有不湿鞋的。"没想到话刚说完，富贵就掉河里了。

富贵不会游泳，大喊救命。二毛游到富贵身边，把富贵拉出水面。然后问富贵能不能和他签劳动合同，不签的话，万一手滑后果还是很严重的。富贵赶紧说没问题。于是，二毛把富贵救了起来，俩人回到厂里，老李跟二毛签了劳动合同。

富贵说："这肯定是乘人之危了，不过他救了我，这点要求倒也不为过，受人滴水之恩，当以涌泉相报嘛！"

老李说："老板您这是不对的，二毛如果对您有救命之恩，您可以其他方式报答。不过，我还想问下小明，二毛松手导致老板被淹死的话，是不是要承担刑事责任呢？"

小明笑着说："二毛看见老板落水，他既没有法定职责，也没有法定义务，不去救的话啥事儿都没有；但二毛把老板拉出水面后，这个先行行为就让二毛有了救助义务，如果他再放手的话，就和老板的淹死有了因果关系，那二毛就要承担刑事责任了。"

富贵说："这么说，我可以拒绝和他签劳动合同，但是他不能放手，对吗？"

老李说："不对，因为二毛说了，是手滑，而不是不想把您救上来。"

六

富贵办公室里，臭皮匠三人行。

富贵问："解除劳动合同说到哪了？"

老李说："说到非过失性解除了。"

小明说："非过失性解除，就是劳动者不存在过失，而法律规定用人单位可以解除劳动合同的情形。这在《劳动合同法》第40条有明确规定。"

老李说："《劳动合同法》第40条第2项规定，如果哪个员工不称职，我们需要先行调岗，或者培训，再次出现不合格的情况，才可以辞退，对吗？"

小明说："理解得没错，非过失性解除，确实要这么做。"

老李说："好吧，那我来举个例子，这跟我老婆的熟食店有关。"

大梅熟食店的员工大强子干活偷懒，熟食制作技术也不行，于是大梅想把他辞退。但按照法律规定，要先培训或者调岗后仍不胜任工作，才可以辞退。大梅想，调岗不可能了，除了制作熟食，没有其他岗位可以调，总不能把他调成老板吧。培训呢，大强子是专业做烧鸡的，别人也不懂，没法培训。于是，大梅开始发愁。

富贵说："大梅可以不卖烧鸡，这样就符合'劳动合同订立时所依据的客观情况发生重大变化，致使劳动合同无法履行'了。你们说我是不是很聪明呢？"

老李说："聪明是肯定的，但是支的招不对。熟食店不卖烧鸡，生意就会很惨淡。"

小明说："建议大梅在规章制度上多做文章，可以设立'顾客满意度考评'，再跟大强子约定，二次达不到考评标准视为熟食店已经履行调岗的职责，并依此来解除劳动合同关系。"

富贵说："这还真是个不错的办法。"

老李说："那什么情况下才属于客观情况发生重大变化呢？"

富贵说："讨论经济补偿金的时候，咱们说过客观情况发生重大变化的情形，你怎么糊涂了呢？"

老李摸摸自己的脑袋说："唉，我其实很聪明的，只是跟老板比起来，笨了一些而已。"

小明笑着说："我来举个例子吧。"

大顺公司由于经营不善，工资都发不出来。富贵砖厂因为财大气粗，就准备收购大顺公司，但提出一个条件，必须把员工全部辞掉，才可以收购。

小明问："这种情况，大家怎么看呢？"

富贵咧嘴笑了，说："我觉得这也算是客观情况发生了重大变化，因为企业首先要活下来嘛。不过我要收购大顺公司的话，还是会尽量留下骨干员工的。"

小明说："老板善良，说的也有一定道理。"

富贵接了一个电话，放下电话说："一会儿来个重要的客户，咱们先到这里吧，明天继续啊。"

七

富贵砖厂早会后，富贵又召集了老李和小明，继续探讨劳动合同解除的问题。

老李问："小明啊，企业和劳动者协商一致就可以解除劳动合同，那么这种协商一致解除的情况，企业有什么注意事项吗？"

小明说："我举个例子吧。"

二毛在富贵砖厂工作了两年。二毛觉得自己能力强了想跳槽，于是向砖厂提出辞职，跟老李说："我不想在富贵砖厂干了，想辞职！"老李说："好啊，我坚决同意。"于是，二毛把辞职申请交给了老李。

老李说："这种情况，二毛自愿辞职，厂里就没什么风险了。"

小明说："不过企业如果为了达到劳动者主动辞职的目的，故意刁难劳动者，让劳动者主动提出解除劳动合同，那么这种情况下，企业可是要支付经济补偿金的。"

富贵说："我明白了，这叫卑鄙者反受其害。"

老李说："我想起一个问题，还是举例说下吧。"

二毛提前30天以书面形式向富贵砖厂提交了辞职信，厂里表示同意。但是到了第 15 天，二毛想反悔，因为女朋友小芳不跟自己一起辞职。于是二毛以书面形式再次向砖厂提出，要撤销自己的辞职信。

老李问："二毛能行使撤销权吗？"

小明坚定地回答："不能。"

·劳动者提出辞职后能否撤销·

《劳动合同法》第 37 条规定，劳动者提前 30 日以书面形式通知用人单位，可以解除劳动合同。劳动者在试用期内提前 3 日通知用人单位，可以解除劳动合同。

劳动者辞职是法定权利，它属于形成权，意思表示到达对方已产生法律效力，不可以撤销。

老李点头说："那我明白了。"

小明说："但是，辞职信撤回是可以的，我来举个例子说下。"

二毛以书面形式向富贵砖厂提出辞职，并以信件形式邮寄给老李，老李正在拆开信件时，二毛闯了进来，并把老李手上的辞职信一把抢去，塞进嘴里吃掉。老李问二毛："你给我写的信里是什么内容，难道是仰慕我吗？"

富贵说："看不到，肯定就不产生法律效力了。"

老李问："那二毛在微信里编辑了一份辞职信给我，在我刚看到时，他把信息撤回了呢？

小明笑着说："这个一样被视为撤回。"

富贵说："那要是老李手快，给截图了呢？"

小明说："撤回就是撤回，截图也没用。最高人民法院《关于民事诉讼证据的若干规定》第 15 条第 2 款规定，当事人以电子数据作为证据的，应当提供原件。"

老李说："那我再举个例子吧。"

二毛提前 30 日以书面形式向富贵砖厂提出离职，厂里同意。但是在第 15 天的时候，老李因招到替代二毛的人选，于是要求二毛第二天卷铺盖卷走人。

老李问："这种情况下，企业有提前让劳动者离岗的权利吗？"

小明说："有这个权利，但要给劳动者一定的准备时间。"

老李说："我明白了，提前告知劳动者，给劳动者准备的时间，包括离职手续的办理、工作的交接，这比较合理。不过还有一种情况，我再举个例子。"

二毛提前 30 天以书面形式向富贵砖厂提出辞职，厂里同意。但二毛在提出辞职申请后 10 天的一个深夜里就悄悄离开了。因为二毛的提前离职，导致了厂里的一台设备因无技术人员操作而停止运营 1 周，给富贵砖厂带来了 20 万元的直接经济损失。

老李问小明："这种情况下，厂里可以要求二毛作出赔偿吗？"

小明说："从法律上说，劳动者未完成工作交接而走人，企业是可以要求劳动者作出赔偿的。"

·能否让劳动者承担离职损害赔偿·

如果劳动者因违法解除劳动合同或违反保密义务、竞业限制义务而导致企业受到损失的，应当向企业作出赔偿。《劳动合同法》第 90 条规定，劳动者违反本法规定解除劳动合同，或者违反劳动合同中约定的保密义务或者竞业限制，给用人单位造成损失的，应当承担赔偿责任。

老李说："不完成工作交接，直接撂挑子走人，这叫不负责任。"

富贵说："我倒觉得啊，企业不跟员工算计，才能换来员工的真心，他就舍不得辞职，即使辞职，也不会作出对不起企业的事儿。"

"大道至简，老板说的是最高境界的管理学问啊！"老李称赞富贵。

小明也感慨地说："诚信加诚心，才能换来员工的真心。"

八

富贵对老李和小明说："通过咱们聊劳动法，我感觉自己进步神速啊！"

小明说："这还得说老板的学习能力强。"

老李说："可不嘛，老板的进步简直如白驹过隙。"

"告诉过你，要说高铁过隙才对！"富贵嗔怪道。

老李拍了拍自己的脑袋，说："我就是记性不好。对了小明，咱们再说下经济性裁员吧。"

·什么是经济性裁员·

经济性裁员，是指企业出现经营困难、破产重整、转产、技术革新等情况，需要一次性裁员若干人，以改善生产经营状况的一种做法。

富贵说："有点儿像壁虎断尾求生的意思。"

老李说："老板总结得就是到位。"

小明说："经济性裁员很重要的两点就是：听取全体员工的意见或者工会的意见；向劳动行政部门报告。"

老李问："如果企业出现了经济危机，可以给员工降薪吗？"

小明说："企业应对困难和危机有两种处理办法，第一种是经济性裁员，就是依靠裁员来使企业度过危机；第二种就是降薪，依靠降薪来让企业度过危机。但无论如何，都需要取得工会或全体职工的认可，降薪的话，还需要变更劳动合同。"

富贵说："工资变动了，劳动合同肯定要重新签，这样可以避免扯皮嘛！"

老李说："咱们这么说还是比较模糊，小明，你还是说下经济性裁员的步骤吧。"

·经济性裁员的步骤·

1. 按照《劳动合同法》第41条规定，企业需要裁减人员20人以上或者裁减不足20人但占企业职工总数10%以上的，要提前30日向工会或者全体职工说明情况，听取工会或者职工的意见后，裁减人员方案向劳动行政部门报告。

2. 报告材料内容包括：《经济性裁员报告》《经济性裁员方案》《工会或全体职工书面意见》《经济性裁员备案表》。

3. 劳动行政部门批复同意后，开始正式公布裁员名单，并和职工办理手续和经济补偿。

4. 经济补偿按照职工工作年限，以每年1个月工资的形式给予补偿，月工资标准为职工前12个月的平均工资。

富贵说："这就很详细了。"

小明说："这样，我再举个例子。"

大顺公司因为效益不好，准备进行经济性裁员。目前职工一共12名，需要辞退5名来渡过难关。这样，大顺公司对人员做了梳理。

张三，因患职业病，尚在医疗观察期；

李四，因患工伤，失去了工作能力，需要企业支付工资；

王五，因身体原因在家休养，还在医疗期内；

小丽，目前已经怀孕3个月了；

赵六，跟着大顺公司干了15年，还差5年退休。

小明说："根据《劳动合同法》第42条规定，这几个人都不在经济性裁员范围内。"

老李说："这五个人不能辞，那剩下的没准才是真正给公司创造价值的呢，这可怎么办？"

小明说："可以降薪嘛，这也是办法之一。"

富贵叹口气说："虽然说办法总比困难多，但这个大顺公司也太不容易了。"

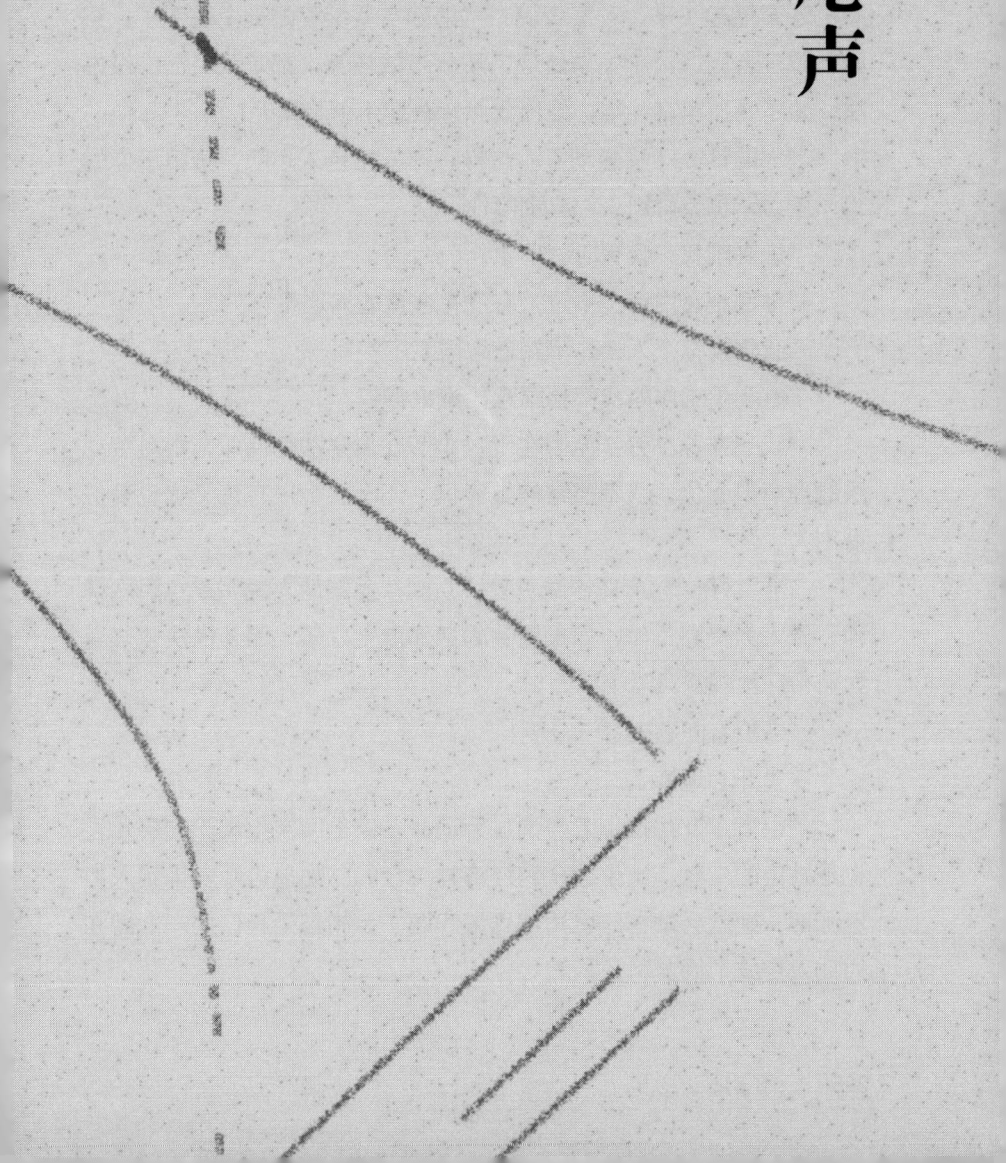

尾声

富贵走进老李的办公室，看见老李正在打印劳动合同。

只见老李一边打印，一边装订，还得给每个合同编号。

富贵感慨地说："老李啊，看来得给你配个助手了。"

老李抬起头来，对富贵说："您确实要给我配一个助手了，招聘、整理合同、员工关系处理、薪酬绩效核算，都是我自己。没办法，为了爱孤军奋斗嘛，谁让我愿意在您手下工作呢！"

"你的话太让我感动了。这样，你就物色人选吧，分担下你的工作压力，也免得别人说我剥削你。"

"您剥削我，我也心甘情愿。"

"你倒是会说话。不过，有没有合适的人选呢？"

"我想推荐个人选，不知道您同意不？"

"有利于工作的我都会同意，说来听听。"

"我想推荐小芳。原因在于，小芳在自学法律专业，她对劳动法的理解很到位，我都经常被她驳倒。还有，她很有正义感也爱帮助别人。"

"非常好，有正义感说明坚持原则，爱帮助人说明重视团队精神。做人力资源工作，如果懂法的话那就更好了，因为懂法才知道如何帮厂里规避风险嘛。"

"老板看问题入木三分啊！"

富贵开心地笑了。

"很多工友都找小芳咨询过劳动法，像上回宝生离职的事儿，也是她出的主意，宝生才拿到经济补偿金的。如果给她安排到人力资源部，她就会站在厂里角度思考问题了，相当于我们把一个潜在的敌人变成了战友啊。"

"化敌为友，达到一石两鸟的效果，真是不错的想法。"富贵表扬了老李。

"那您同意我的想法了，对吗？"

"给你安排助手，安排你自己满意的人，这是好事儿。不过，小芳离开食堂了，以后吃不到那么好吃的包子了，这倒是个遗憾。"

老李笑着说："这都好办，以后让小芳不忙的时候去食堂帮忙，蒸出来包子给您留着。"

"公权私用，这不好。那你去找小芳谈谈吧，看她本人愿意不。"

二

小芳正在食堂的面食间里忙活。

老李敲了敲窗户，示意小芳出来。

"李经理，找我有事儿吗？"小芳问道。

老李卖了个关子，故作神秘地说："我找你肯定是好事儿，你猜猜。"

"我哪里能猜到啊，您就别卖关子了。"

"我请示了老板，厂里决定把你调到人力资源部，做我的助手。"

"是真的吗？"小芳一脸惊喜，有点儿不敢相信自己的耳朵。

"当然是真的了，我怎么会骗你呢！"

"那可太好了，我愿意做您的助手，这样我学的法律知识也能用得上嘛！"

"学习贵在所用。这次厂里就给你施展拳脚的机会！"

"那我听您安排。不过，我得跟钱经理汇报一下。"小芳显得很激动。

"还是我先和老钱沟通吧，免得他难为你。"

老钱正在厨房跟炒菜师傅研究新的菜品，看到老李进来，赶紧说："快来尝尝我们研究的新菜'八仙过海'，再给提提意见。"

老李端过老钱递过来的一个小碗，尝了尝，说："这不就是几种青菜一起熬汤嘛！"

"厂里这么多人吃饭，总要考虑成本嘛！再说了，菜名取得好听一些，会让员工们吃得更开心。"老钱叹了口气。

"难为你了老钱，巧妇难为无米之炊，你做得已经非常好了。不过，今天我有一个要紧的事情要找你帮忙。"

"老李啊，你不要见外，有事儿你就说，赴汤蹈火在所不辞，除了借钱。"老钱拍了拍自己的胸脯。

"谁不知道你老钱是一只铁公鸡呢，可不敢跟你借钱。事情是这样的，厂里决定把小芳调到人力资源部，做我的助手。"

老钱露出一脸的不情愿，把手里的炒勺放在了案板上，拉着老李走出了食堂。

老钱神秘地对老李说："厂里的决定，我得服从不是，但是，小芳走了，对全厂的工作都会有重大影响的。"

"小芳离开食堂，会对全厂的工作有影响？"老李不解。

老钱拍了拍老李的肩膀说："老李你看，小芳在食堂干得是得心应手，无论蒸包子，还是烙饼，员工们都爱吃。员工们吃得好，才能干得好，才能给厂里创造出更大的效益。如果小芳离开食堂，员工们吃不到小芳做的包子、烙饼，那就会闹情绪，一闹情绪就会影响工作，这样就会有离职现象发生，你说是不是这个道理呢？"

"你说得也对，连老板都喜欢吃小芳蒸的包子。"老李点点头。

"既然你同意，那就再找合适的人选吧。"说完话，老钱扭头就走。

"别着急，话还没说完呢！"老李一把把老钱拉了回来。

"还有啥说的，咱们不是达成共识了嘛！"

"我还没表态，怎么就达成共识了。你的观点我不反驳，但是人我还是要调走的。你煞费苦心地说服我，正说明小芳工作得不错，你舍不得。"

老钱一下变得很伤心，说："老李啊，你就不要横刀夺爱了。"

"我不是横刀夺爱，而是把合适的人放在合适的位置上，这样，我给你讲个故事。"

古时候有个秀才，在路上捡到一把宝刀，他把宝刀拿回家挂在墙上。几年后，秀才在路边救了一个受伤的将军，他把将军背回家，给他疗伤，过了几天，将军伤势好转，就跟秀才一起喝酒。秀才发现，将军一直盯着墙上的宝刀，于是就把宝刀拿了下来，递给了将军，说："这把刀就送给您了，因为您比我更适合拥有它。"

老钱听完后不以为然地说："你说的不就是成人之美的故事嘛，那我也给你讲个故事。"

孔子游学燕赵一带，一个当地的老者拿着一块美玉找到孔子，说："我有美玉，愿意赠送给先生。"孔子问："这块玉有什么来历吗？"老者说："这块美玉是我祖传的，我一直带在身上，烦躁时，拿出来把玩，既可以清心，也可以明目。"孔子说："那我万万不能要，君子不夺人之爱啊。"

老李听完哈哈一笑，拍了拍老钱的肩膀说："老钱啊，君子不夺人之爱这话还真不是孔子说的，不过嘛，你的心情我理解，但是你要忍痛割爱，服从大局。我改天一定请你吃饭。"

话说完，老李扭头走了，留下了一脸惆怅的老钱。

三

小芳把自己要到人力资源部工作的消息告诉二毛，二毛欣喜若狂地说："太好了，我现在已经成为车间技术员，你进了人力资源部，这可谓双喜临门啊。"

"可不是嘛，这可要好好庆祝一下。"

"我还得告诉你个好消息，我瞒着你，让我爹娘在老家院子里盖了两间大房子，里面也收拾完了，咱们可以回家办喜事儿了。"

"你这算求婚吗？"小芳扭头问二毛。

"是啊，我娘还想让媒婆上你们家提亲呢，问问你娘要多少彩礼。"

"我跟我娘说了，彩礼就不要了，只要你对我好就行了。"

"妹妹，你真的是太好了，对了，我娘还说了，要在村里摆个几十桌酒席，让远房亲戚都过来，好好热闹热闹。"

"搞那么大排场干嘛，不就是个形式嘛！"小芳嗔怪道。

"那咱们啥时候去领证啊？"二毛问了自己关心的问题。

小芳爽快地回答说："那这几天咱俩请个假去领结婚证吧，跟你订个一辈子的契约。"

"这样我就更踏实了。"

小芳问："二毛哥，你真的爱我吗？"

"妹妹啊，我对你的爱就像拖拉机耕地一样，轰轰烈烈。"

小芳想了想，觉得不够浪漫，但是又挺真实的。

二毛说："以后，我争取每年的年休假和你一起休，这样可以带你出去多走走，多看看。"

小芳感慨地说："人生是应该多经历，记得三毛说过一句话，我现在还记忆犹新。"

"说来听听。"二毛很好奇。

"生命的过程，无论是阳春白雪，还是青菜豆腐，我都要去尝一尝，这样才不枉人生走一遭。"小芳熟练地背了出来。

二毛说："说得真好啊，趁着我们年轻，也要多经历些风雨才好。"

小芳点头说是。

二毛问小芳："我们请婚假的话，厂里会不会不批准啊？"

"这怎么会呢，休婚假是劳动者的权益，这个怎么会不批。"

"那一般来说，婚假能休多长时间呢？"

小芳回答说："这个还真不一定。"

·关于婚假和年休假的法律规定·

关于婚假，国家并没有统一规定，一般为 3 天法定婚假加上各省、直辖市、自治区晚婚晚育假期奖励。

关于年休假，职工连续工作 12 个月以上的，享受年休假待遇。其累计工作已满 1 年不满 10 年的，年休假 5 天；已满 10 年不满 20 年的，年休假 10 天；已满 20 年的，年休假 15 天。

职工依法享受的探亲假、婚丧假、产假等国家规定的假期以及因工伤停工留薪期间不计入年休假假期。

用人单位经职工同意不安排年休假或者安排职工年休假天数少于应休年休假天数，应当在本年度内对职工应休未休年休假天数，按照其日工资收入的 300% 支付未休年休假工资报酬，其中包含用人单位支付职工正常工作期间的工资收入。

关于年休假的其他规定，参见《职工带薪年休假条例》。

二毛问："那如果还是不够呢？"

"我们可以把年休假一起休啊，这肯定就够了，还有，关于婚假的问题，也要跟厂里沟通，总不能因为休婚假时间太长影响工作。"

"那是，我现在是车间技术员，责任也很重啊，咱们又不远，婚假时间应该够的。"

"二毛哥，你进步不少了，变得有责任心了。"小芳夸奖了二毛。

二毛自豪地说："人都是在慢慢长大嘛。"

四

富贵哼着小曲，在办公室里拿着毛笔写下：大江东去，浪淘尽，千古风流人物。故垒西边，人道是，三国周郎赤壁。

老李进来，看到了富贵写的字，不禁夸奖道："老板的字真是太好了，龙飞凤舞，可惜我一个都不认识。"

富贵说："这就叫可叹相逢不相识！"

老李说："老板啊，我要跟您说个事儿。"

"什么事儿呢？"富贵放下了笔。

"小芳提了一个建议，咱们厂应该尽快成立工会。"

"县工会倒是要求过，让我们厂在条件成熟时成立工会。那就赶紧把小明叫来，商量下成立工会的必要性。"

小明来到了富贵办公室，对着富贵的字夸道："老板，这字写得好啊，苍劲有力，挥洒自如。还有，三国周郎赤壁，我觉得您的帅气堪比周瑜啊！"

富贵笑了笑，说："你刚想起来夸我帅啊！"

老李说："小明啊，小芳给厂里提了个建议，让厂里建立工会，你觉得这个建议怎么样？"

小明说："这个建议当然好了！"

富贵说："我倒是在电视上看到过国外的工会组织罢工的事儿，那么建立工会到底好在哪里呢？"

小明说：“好处还是不少的。”

> **· 成立工会的好处 ·**
>
> 1. 保障职工合法权益，对企业涉及职工管理的决策作出建议和监督。
> 2. 让企业的用工管理更加民主，更加合规。
> 3. 推动企业文化建设，促进劳资关系和谐。
> 4. 加强对职工的思想教育，教育职工热爱劳动、爱护国家和单位的财产。

富贵说：“那不还是站在企业的对立面嘛！”

小明说：“话不能这么说，工会一方面维护员工的利益诉求；另一方面也能让厂里的各项制度更加民主。”

富贵说：“你这么说，我好像懂了，比如说制定规章制度，如果有工会参与，那么它就更具有合法性和合理性，对吧！”

小明说：“老板的理解力真的太强了。”

老李说：“岂止是理解力强，老板简直是天才。”

小明说：“拿辞退员工来打个比方，企业依据规章制度直接将员工辞退，到了劳动仲裁的话，企业未必会赢。但如果辞退决定经过工会同意的话，那么劳动仲裁支持企业的概率就大了。”

老李说：“小明说得没错。我看《劳动合同法》第 43 条规定，用人单位单方解除劳动合同，应当事先将理由通知工会。”

“对呀，现在劳动法这么保护劳动者，企业即使正当辞退员工，还是心里没底，如果跟工会沟通好，那就是多了一道保障啊！”富贵露出恍然大悟的样子。

尾声

小明说："好处还有呢！厂里即使不成立工会，工会经费还是少不了的，如果成立了工会呢，很多员工活动费用可以从工会经费里面出。这部分费用是可以税前列支的，对企业来说，也能起到一定的节税作用。"

"小明懂的真不少啊！"老李发出由衷的赞叹。

富贵说："那就宜早不宜迟，老李抓紧去筹办吧，先去县工会递一个申请，再通过民主程序选出一个工会主席。"

老李说："工会主席的人选我也有啊，不过要通过民主程序选举才行。"

富贵笑着说："我知道你说的是谁。"

"那您说说看。"老李显得很惊讶。

"车间老刘，对吗？"富贵说道。

"老板真的太厉害了，我说的就是老刘。他太会做思想工作了，没事儿让老刘和员工谈理想，谈奉献，这是非常好的事情啊！"

富贵点了点头说："嗯，老刘确实有进步，他的鸡汤口号都变了！"

"不是'今天工作不努力，明天努力找工作'了？"老李表示出诧异。

富贵说："老刘现在的口号是，努力的地方，才是离梦想最近的地方！"

小明说："这个口号还是挺有思想的。"

老李说："我倒是喜欢一个口号，只是不能跟员工说。"

富贵说："什么口号，说来听听。"

老李说："不要飞得太高，小心太阳把你的翅膀烧焦！"

小明说："我听过这个口号的故事，说的是一个古希腊的传说。"

老李说："看来小明读书不少啊！"

小明说："当然，虽然赶不上老板学富五车，那也算读书破千卷了。"

富贵说："我有个口号，你们想听不？"

"老板的口号肯定想听了。"老李和小明纷纷表态。

"垫起足够的砖头，世界都在我脚下。"

老李说："老板这个口号威武霸气啊，您将来一定能成为知名的砖头企业家的。"

小明说："从老板的口号能看出富贵砖厂进军国际化指日可待！"

富贵自信地说："当然，富贵砖厂的国际化脚步一直在前行。"

附录：法律问题索引